十八道

房地产投资品营销谋略

吴 明／著

浙江工商大学出版社
ZHEJIANG GONGSHANG UNIVERSITY PRESS

图书在版编目（CIP）数据

十六道：房地产投资品营销谋略 / 吴明著. — 杭
州：浙江工商大学出版社，2018.5（2018.11重印）
ISBN 978-7-5178-2642-2

Ⅰ. ①十… Ⅱ. ①吴… Ⅲ. ①房地产市场－市场营销
学－案例－中国 Ⅳ. ①F299.233.5

中国版本图书馆CIP数据核字(2018)第052383号

十六道——房地产投资品营销谋略

吴　明　著

出 品 人	鲍观明
策划编辑	沈　娴
责任编辑	刘　颖　沈　娴
封面设计	默驰视觉
责任印制	包建辉
出版发行	浙江工商大学出版社
	（杭州市教工路198号　邮政编码310012）
	（E-mail：zjgsupress@163.com）
	（网址：http://www.zjgsupress.com）
	电话：0571-88904980，88831806（传真）
排　　版	叶泽雯
印　　刷	杭州恒力通印务有限公司
开　　本	710 mm×1000 mm　1/16
印　　张	12
字　　数	132 千
版 印 次	2018 年 5 月第 1 版　2018 年 11 月第 2 次印刷
书　　号	ISBN 978-7-5178-2642-2
定　　价	59.00元

谨以此书献给陪我一起"嗨"过的小伙伴们!

序

营销的成功在于谋略

罗时平

　　我与吴明结识于上饶万达广场项目。他于 2015 年 10 月从万达集团总部调至上饶万达广场，旋即创办了上饶万达书院，并聘任我担任书院院长，我们由此成为挚友。虽然我与他从事不同行业，但我们有着共同的爱好，那就是研究、思考、策划。我为上饶地方经济发展而研究、思考、策划，他为万达项目营销而研究、思考、策划。2017 年 6 月，他从青岛万达东方影都项目回到故乡景德镇，潜心将他这几年在万达项目操盘的营销谋略汇集成《十六道——房地产投资品营销谋略》，我以挚友的身份先睹为快，在此勉力奉上片羽之感。

　　以我这个外行的眼光来看，《十六道——房地产投资品营销谋略》首先是一本文笔优美、充满诗意的策略文集，字里行间洋溢着发人深省的力量，读起来对灵魂是一种很好的滋养。闭目凝神，用心去体会这部书哲理哲思的幽深和篇章肌理的沟纹，我似乎看到作者擎着谋略的火炬,给一些还在城市综合体业内苦苦探索的人照亮了精神黑夜。书中蕴含丰富的谋略艺术、经验升华、人文情怀、社会责任和做人风骨,能让读者在轻松的阅读中茅塞顿开,受益匪浅。

为何吴明的城市综合体营销谋略思想能够让人受益?我想至少有以下三条原因:第一,他的营销谋略思想将复杂的市场竞争现象精简为通俗易懂的思维模型。尽管现实世界纷繁芜杂,商业创新层出不穷,但其营销谋略紧贴时代,紧贴时势,紧贴生活,有一种纵深的穿透力,读者看了就能理解,拿过来就可以应用。第二,在看似朴素的万达广场房地产营销案例和方法背后,是他惊人的创造力。他操盘的每个万达项目都与地方文脉天衣无缝地对接,营造了莆仙戏、台州乱弹、上饶万达书院、"夺回"武夷山、十六道、琅琊道、世界上最大的"W"和东方影都文化产业定位等城市级的谋略案例,使房地产项目不再是单纯具象的建筑群落,使整个街区、社区甚至城区都成为浸润着书香、充盈着智慧、弥漫着情怀的修炼场,这不仅创造了当今时代人们追求文化消费的最热最佳卖点,而且还给整个城市精神的塑造创造了无与伦比的物质承载场所。第三,在现实世界的管理决策中,读者未必能够完全按照吴明的营销谋略方法去制定战略,但这并不影响读者对吴明谋略的钟爱。因为,吴明书中对谋略的描述,语言明快,质朴精准,犀利幽默,深入浅出,妙趣横生,文化气息浓郁,能够直透读者的心灵,帮助他们更加有条理地去思考和总结除房地产投资品之外的问题。

吴明的营销谋略之所以能做到以上几点,源于他对案例的运用。在每一个营销谋略的步骤环节中,吴明都借用了具体案例加以阐释和说明,这能使读者感觉非常受用。当然,这一切都离不开吴明独特的个人经历:成长于千年瓷都景德镇,传承了厚重的陶瓷文化基因,有近 20 年房地产营销的从业经历,7 年多的万达职业生涯,有机会操盘多个万达广场和两个万达文化旅游城项目并接触无数优秀商业地产营销案例。

《十六道——房地产投资品营销谋略》是一本成功者现身说法的书,值得一读。如果你有缘读了这本书,一定会有令你感到惊喜的收获与顿悟:营销的成功在于谋略。

2017 年 9 月 30 日

(作者系江西省政府特殊津贴专家、中共上饶市委党校教授)

我们能否把项目做得更有意思一点？

2017 年 6 月，我辞去 6 年的商业地产营销工作，离开美丽的青岛，踏上云游之旅。

家住江南爱江南。我成长于千年瓷都景德镇。景德镇毗邻皖南，离"最美乡村"婺源仅八十几公里，周边山水处处是景。车行高速，从青山绿水间穿过，高速路下的村落点缀在山水之间。白墙灰瓦，翘檐骑马，以"马头墙"为标志的徽派建筑是乡村最美的景致。远处青山绿野，村口古树婆娑，小溪从村旁流过，枣树已伸出院落。恰似一曲田园牧歌，好不诗情画意。

每当陶醉于此情此景时，我总是会想，为什么我们做项目营销那么累？每天奔波于完成指标的路上，磕磕绊绊，跌跌撞撞。开不完的会议、写不完的文件、无休止的熬夜加班几乎是每一个房地产营销部门的写照。说好的指点江山，挥斥方遒在哪呢？为什么我们不能把项目做得更轻松、更有意思一点，让自己也能沉醉其中，恰似游山玩水，赏心悦目？

为什么我们不能把项目做得更有气势、更激情一点，让每个参与其中的小伙伴都能体验一回笑傲江湖、纵横四海的快感？

接下来我将以我的操盘案例为基础，尝试从另外一个角度，以另外一种视觉来思考、实践并打造项目。让我们跳出项目与产品本身，放眼更大一点的营销格局，通过"大营销"谋略来实现诸如设计、工程等技术永远解决不了的营销难题。这也是本书命名为"谋略"的缘由。

本书基于实操，故有如下几个特点：

1. 本书绝大部分案例取自本人在某大型商业地产集团实际操盘的城市综合体和文化旅游城项目，也有部分案例取自本人曾经分管的城市综合体项目以及曾经帮助销售的项目。书中某大型商业地产集团以"WD"替代，项目名称以"地名＋项目"替代，青岛两项目分别以"维湾项目"和"东影项目"替代，阅读不便之处敬请谅解。

2. 本书讲的营销更多指的是项目或产品突破销售僵局方面的策略案例，看起来更像是一场场"战役"，听起来更像是一个个"计谋"，基本不涉及市场调研、客户分析、产品研究等房地产基础营销工作。

3. 本书讲的产品营销以投资品营销为主，尤以商铺为多，部分涉及写字楼和公寓，尤其适合目前从事城市综合体项目营销工作的小伙伴们。

都说经验来自实践，但经验并不适用于各类情况，因为此一时彼一时，此一地彼一地，事物发展的时间和环境都不一样，加上每一个操盘手的个人喜好与性格截然不同。本书的观点或曰认识仅限于当时当地，并不能说是最好的或唯一的路径，也许换一个人会有更好的策略和谋划。本书旨在为读者提供一种操盘的角度、方法和策略，或者我们称之为操盘技巧。

　　2015 年 9 月 1 日开始实行的新修订的《广告法》对房地产广告用语进行了诸多规范，本书内所涉及的广告用语基本为新法实施前的项目实际出街内容，本着实事求是的原则未做删减，部分内容可能与新法不符，请读者仔细把握，以免误导。

　　希望能给同行的小伙伴们带来一些启示。

　　诸多谬误之处，望读者不吝指正。

2017 年 9 月 1 日

／目 录／

第一章 到哪里寻找更多的客户？

第一节 莆仙戏

莆仙戏是福建地区的古老汉族戏曲剧种之一,是在古代"百戏"的基础上发展形成的,至今已有一千多年的历史。因形成于兴化地区（今莆田、仙游）,用兴化方言演唱,故俗称"兴化戏",1952年经福建省文化局批准,更名为莆仙戏。它流行于莆田、仙游、惠安县北部及福建南部兴化话流行的地区。

莆田农村至今仍有唱莆仙戏的传统,几乎每个村子都有一个戏台。逢年过节、红白喜事,必唱莆仙戏。莆田项目商铺销售的困难阶段,我们敏感地意识到莆仙戏对农村客群的影响力和渗透力,通过近百场免费"送戏下乡"活动,持续对周边乡镇进行推广,有效撬动了农村市场,扩大了客户基数,最终带动剩余商铺快速去化,并为莆田项目盛大开业集聚了人气。

莆田项目于2011年10月29日首开,共四类销售物业,分别是底商、住宅、公寓和金楼。近190套、货值超11亿元的底商全部推出,但销售并不理想,开盘当天仅售出不到50套。项目公司立即调整销售策略,封盘商铺,迅速推出住宅、公寓类产品。住宅与公寓一路热销,至2012

年 2 月已基本销售完毕,项目又不得不回头啃商铺这块"硬骨头"。商铺首开销售不理想除市场因素外,致命的硬伤就是面积大、总价高,"一拖二"上下两层,平均每间面积 167 平方米、总价 600 万元,能承受的客户较少。此外,首开前的"轰炸式"宣传,市区客户该买的基本都已下手。

莆田项目夜景

莆田项目商铺为上下两层,面积较大

那么,我们到哪里去寻找更多的客户呢?

一次偶然的机会,我们发现了莆仙戏这种流传于莆田大地的传统戏剧的魅力和力量。

莆田人流行闹元宵。莆田元宵节民俗活动从农历正月初六开始到正月廿九结束,堪称全国最长的元宵节,期间伴随有大量热闹的民俗活动,盛况赛过春节。在这近一个月的时间里,每天都有不同村庄、不同姓氏的家族以不同的形式闹元宵,活动丰富多彩。白天菩萨巡游、跳傩火、僮身舞等,入夜游灯、请戏、舞龙、戏狮,通宵无眠。2012 年春节,应策划部朱俊鸣的邀请,我们整个营销部将近 30 人去小朱家里闹元宵。那一夜,小伙伴们吃着莆田海鲜,钻进游灯的队伍,看着听不懂的莆仙戏,现在回想起来也是快乐无比。那一夜,我们不仅感受到了莆田人民的热情与好客,也见证了莆仙戏给全村人带来的欢快与喜庆的沸腾场面,见证了莆田农村对莆仙戏的追捧与热爱。

于是,一场持续近一年、演出近百场的"送戏下乡"活动就从 2012 年的 3 月份开始了。

说起送戏,这里面还有一个插曲,也是令我们没想到的——我们的第一场戏竟然没有送出去。情况是这样的:当时《莆田晚报》广告部老总得知我们要免费送戏,第一时间找到我们,要求第一场戏送到他家乡去,既是文化惠民,又能给他个人长长脸。我们也求之不得,就说那你去跟村长联系一下吧,看看我们什么时候过去。没过两天,他反馈说,他们村长说不要送戏,免费的也不要。我们问为什么。他说村长说了,根据他们那儿的风俗,只有办大事的时候才唱戏,而且要请他们村所有的亲戚朋友免费大吃大喝三天,他们请不起。我们哑然失笑。

虽然第一场戏没有送出去,但我们看到了莆田人对莆仙戏的重视,也坚定了把戏送出去的决心。

莆田几乎每个村子都有一个戏台

村民们在看资料

演出前的宣讲

小伙伴们在搬运销售资料

小伙伴们在村头巷尾张贴演出海报

光有追捧与热爱还不足以支撑我们开展如此大规模的长期活动，虽然每场演出费用低至 5000 元左右，但累计起来也是一笔不小的开支。关键就是要看莆仙戏影响和渗透的人群中有没有买得起我们商铺的实力客户。

难道那些平时来看戏的大爷大妈就是我们的客户？

说到这里，我们就不得不顺便提一下"莆田系"以及莆田人的财富分配状况。"莆田系"指的是以福建莆田市秀屿区下辖东庄、忠门等乡镇人为主开办的民营医疗机构。根据卫计委对民营医疗产业的统计，截至 2014 年底，国内共有 1 万多家民营医院，其中的 80%（8000 多家）来自"莆田系"，年营业额达到 2600 亿元人民币。[①]"莆田系"经营有个很大的特点，那就是家族传带式：一人摸出门道，全家族带上经营。如果说莆田是一个藏富于农于村于乡于镇的城市，估计大多数莆田人都会赞成。莆田的有钱人基本上都在乡下。

滴水穿石，厚积薄发。任何事物的爆发式增长都需要一个长期的积累过程并且是多种因素综合作用的结果，销售也是一样。除了"送戏下乡"以外，莆田项目围绕着 2012 年 12 月 15 日开业这个重要节点开展了全方位的推广工作，归纳起来有如下几点：①围绕项目工程进度节点开展活动；②围绕大商业招商进度节点开展活动；③围绕市政工程进度节点开展活动；④做足"线上"[②]推广，对项目的利好进行多角度全方位报道。以上四点也是操盘综合体的基本思路。

---

① 数据摘自百度百科。
② 这里的"线上"当时主要指的是各门户网站，因为那时微信、今日头条等新媒体还没有流行开来。

莆田项目公寓封顶仪式

莆田项目开业倒计时100天誓师大会

上饶项目举行全线封顶和道路开通仪式

上饶项目举行亮灯仪式

上饶项目举行商管酒管进场管理仪式

上饶项目举行商管酒管进场管理仪式

功夫不负有人心。从 2012 年 3 月莆田项目启动"送戏下乡"活动以来,配合各类营销动作,至 2012 年 9 月起,项目的商铺销售开始出现"井喷"现象。2012 年 9 月至 12 月,四个月累计销售商铺超百套。在这期间两个非常有意思的现象也佐证了"送戏下乡"的效果:一是每逢节假日就有从周边乡镇赶来的客户,他们说是看到家里老人带回家的资料,知道莆田项目还有商铺在卖;二是 12 月 15 日莆田项目开业当天人流量达 32 万人次。要知道莆田当时的市区人口才三十几万,难道所有莆田市人都来了吗?显然不是!人从四面八方的乡镇涌来。别忘了,每次"送戏下乡",我们打出的口号就是"欢迎各位父老乡亲年底到莆田项目做客"。

莆田项目夜景

莆田项目 2012 年 12 月 15 日开业当天盛况

第二节 台州乱弹

说完了莆仙戏,现在该谈谈台州乱弹了。

台州乱弹是台州唯一的地方剧种,已有近四百年的历史。台州乱弹原本叫黄岩乱弹,它形成于明末清初,是浙江四大乱弹之一,被文化部列为中国 318 个地方剧种之一,流行于台州、温州、宁波、绍兴、金华、丽水等地区。

浙江是乱弹的天下,有绍兴乱弹、浦江乱弹、温州乱弹等,中华人民共和国成立后,分别改称绍剧、婺剧和瓯剧,唯台州乱弹沿名至今。

2006 年,台州乱弹被国务院确定为首批国家级非物质文化遗产项目。

项目冠名的 2014 年台州乱弹新春音乐会

2013年11月，我接到集团调令，率领团队开赴台州"战场"。得益于莆仙戏强大的蓄客效果，我出发之前的第一件事，就是上网搜索台州有何地方剧种。随着"台州乱弹"四个字映入眼帘，我在进入台州之前就已萌生种种设想。

在谈到利用台州乱弹蓄客之前，首先让我们来看看台州的城市背景。台州这个城市和莆田不同。首先，它是一个年轻的城市，1994年8月台州撤地设市，行政中心由临海搬迁至椒江。同时，它又是一个分散的城市，中心城区由椒江、黄岩、路桥三区组成，三区之间各相隔十几公里，相对独立，恰似一个等边三角形。另外，它又是一个区域经济发展不均衡的城市。路桥是商贸重镇，小商品经济发达；黄岩是工业基地，实力雄厚；椒江就是原来的海门码头，是一座新兴的港口城市。台州项目选址就在椒江区，而椒江区虽然是市政府所在地，但恰恰是三区中人口最少，经济最薄弱的。台州项目于2013年12月27日拿地，要在2014年5月底实现首开且全年的任务高达近30亿元。而2013年整个椒江区房地产销售额仅为108亿元，也就是说台州项目要在半年内卖出整个椒江区全年销售额的四分之一。如何在短期内迅速扩大客户基数，为一个项目在半年内积聚整个椒江区全年四分之一的客户量又成了摆在我们面前的现实问题。

我们再来看看台州人的财富分配状况。台州人的财富分配状况与莆田不同，如果说莆田是一个藏富于农的城市，那么台州就是一个藏富于镇的城市。台州乡镇民营经济发达，起步早，中国第一家农民股份制企业就诞生于此，这里是"温台模式"的发源地。20世纪90年代初，台州经济总量曾跻身浙江省第三位。我曾于1994年初去过当时的路桥、椒江和黄岩,那时的台州就是一个大工厂、大市场,乡村镇上、弄里街边,可谓家家制造、户户经营,各类日用小商品、服装鞋帽、汽车部件、摩托模具生产等已十分繁荣。至台州项目进驻的 2013 年,台州的户均汽车保有量已达 2 辆 / 户,可谓全国第一,富裕程度可见一斑。一句话概括,我们的客户群体主要还是在乡下。

另外,台州具备"送戏下乡"的硬件条件和文化环境。2013 年起,浙江省就将农村文化礼堂建设纳入政府工作范围。据了解,截至 2017 年 2 月,浙江全省已建成农村文化礼堂 6527 个,率先富裕的台州更不例外。台州项目进驻的时候,台州基本上实现了村村都有文化礼堂。一般的文化礼堂不仅可以容纳千人以上,而且配有舞台,设施齐全,非常适合综合性的文艺演出。

现在,客户群体有了,场地设施有了,"送戏下乡"无疑又成了我们最好的一道"菜"!那么,谁来给我们送戏呢?

2014 年 2 月初的一个下午,我带领团队拜访了浙江台州乱弹剧团团长尚文波先生。尚先生于 2010 年底出任浙江台州乱弹剧团团长,现在已是浙江省文艺界的名人。说明来意后,双方可谓一拍即合,相见恨晚。彼时政府正在以购买服务的方式大力推动文化下乡活动,而活动的主体就是乱弹剧团。有政府支持,现在又有企业赞助,既惠民,又利企,可谓多方共赢,何乐而不为?

拜访台州乱弹剧团团长尚文波先生（左二）

于是，台州的百场"送戏下乡"活动就这样拉开了帷幕。

2014年3月17日晚，由台州项目冠名的"台州市第九届农民文化节暨2014送百场文艺演出进农村文化礼堂巡演活动"在椒江区三甲街道沿海村盛大启幕。

送戏下乡开幕式

台下观众阅读台州项目的资料

精彩的节目

　　2014 年,台州项目在台州房地产市场整体不断下滑的情况下,一枝独秀,一骑绝尘,不但圆满完成全年任务指标,而且创下了台州房地产史上的多个单盘第一。

台州项目所占地原貌

建设中的台州项目

2016 年 6 月 17 日开业时的台州项目

　　顺便提一句,2015 年春节,台州乱弹折子戏《小宴》登陆央视春晚;2016 年元宵节,台州乱弹新编历史剧《戚继光》献演国家大剧院。

　　操盘要点:

　　(1)广阔农村,大有市场。项目的营销视角除了坚守城市,更应伸向农村。

　　(2)相信传统文化的力量。传统文化是当地客户喜闻乐见的形式,更易被农村客户接受。

　　(3)一个合格的操盘手除了研究好市场外,更应熟知并研究当地传统文化,把它作为拓展客户的工具。

第二章 营造城市级事件

第一节 "夺回"武夷山

2017年7月9日,波兰,武夷山边界调整项目在第41届联合国教科文组织世界遗产委员会会议上审议通过,江西铅山武夷山成功列入世界文化与自然双遗产地名单。至此,世人始知"江西武夷山"。

说起武夷山,一般人都会想起福建武夷山。殊不知,武夷山横跨闽赣两省,位于江西省铅山县、福建省武夷山市境内。被称为"华东屋脊"的武夷山主峰黄冈山的至高点,就在上饶铅山境内。

武夷山主峰黄冈山

江西武夷山风光

江西武夷山风光

2015 年 10 月调至江西上饶操盘项目前,我也不知有江西武夷山。

因在福建的工作经历,我养成了喝红茶的习惯,尤其是武夷山的红茶。以前在福建工作时,因为从莆田开车回景德镇可以绕道武夷山,加上喜欢喝红茶的缘故,我常去武夷山。我也熟知武夷山的几个红茶品牌,譬如正山堂、骏德、武夷星等等,其中骏德是我常喝的,正山堂喝得比较少,但声名显赫。

2016年5月一个周末的下午,细雨绵绵,我邀上商管公司总经理朱剑影先生,驱车直奔武夷山。这一次我们计划翻山而过,从上饶西上高速,至铅山武夷山镇下高速,然后左拐。下了高速后,我们朝着福建驶去,盘山公路蜿蜒曲折,好在路面平整,车少人稀。一路流水潺潺,树叶青青。车行二十几分钟,直至海拔约450米的赣闽两省交界地——分水关,我们才知道武夷山有一部分在江西,一部分在福建。盘山路上的几十家小茶叶店引起了我们的注意,我们走进其中一家小店,原来这里也产红茶!而且号称"武夷山野茶"。据了解,这里就是江西武夷山,当地人称北武夷,翻过分水关,就是福建武夷山,人称南武夷。这里的人世代以茶为生,满山的野茶树,采也采不完。这里就是比武夷山红茶还要早二百多年的铅山河口红茶的诞生地。店主介绍说这里的茶叶质量非常好,因为900～1000米是茶叶生长的最佳海拔。茶虽好,但苦于没有自己的品牌,加上位于大山深处,顾客稀少,价格上不去,同样一款茶一般只有福建那边四分之一的价格。每年一到采茶季,就有福建的茶商过来收茶,然后贴上自己的品牌高价出售。他们产的茶除了小部分卖给路过的客人,大部分是给福建人代工的。

武夷山分水关江西界碑

武夷山分水关福建界碑

江西武夷山盘山路旁的小茶厂

早在 1979 年，福建就设立了"武夷山国家自然保护区"。1982 年
11 月，福建武夷山 60 平方公里的核心区域又被列为首批国家级重点
风景名胜区之一。1989 年 8 月 21 日，经国务院批准，撤销崇安县，建
立武夷山市。1992 年 10 月，福建建立了面积为 12 平方公里的"国家
级武夷山旅游度假区"。1999 年 12 月 1 日，福建武夷山获得世界文化
与自然双遗产地称号。而同时期江西并没有什么动作，只是在 1998 年
1 月，将位于武夷山脉江西一侧的一个国有林场改制为"武夷山镇"，
如此一来总算是与武夷山沾了点边。我们驱车登山的地方就归武夷山
镇管辖。但一个是市，一个是镇，相差何止千里。

同样坐拥武夷山，福建人把它打造成了自己独有的品牌，江西人却

未加重视，以致世人只知福建武夷山，不知江西也有武夷山。福建人对武夷山品牌的开发和利用，不但为其吸引来每年上千万的游客，也将武夷山红茶品牌推上了中国红茶的顶峰。

话说至此，一个大胆的想法在头脑中闪过。我们上饶项目要帮助他们"夺回"武夷山！怎么夺回？难道是要夺回整座武夷山脉吗？当然不是。这里所说的"夺回"，并不是要夺回地理上的武夷山，而是要向福建人学习打造品牌的意识。

那么，到哪里打造品牌呢？当然是到上饶项目了。

上饶项目定于 2016 年 11 月 25 日开业，这是一座全业态的综合体项目，75 万平方米的体量不仅有国际化的购物中心、写字楼、公寓和住宅，还有 800 米长的室外步行街和五星级酒店。它的开业提升的不仅仅是整个上饶的商业水平，更是整个上饶中心城区的商务接待水平和聚客能力。上饶本就是高铁枢纽，加上上饶项目的开业，再加上 2017 年 5 月通航的三清山机场将彻底改变上饶中心城区不留客的情况。届时上饶项目凭借每天 3 ～ 5 万人次的客流量，将成为上饶最大的吸金场所和品牌基地。

上饶项目实景图

上饶项目实景图

上饶项目实景图

　　除了茶叶,上饶还有很多特色产业,譬如上饶石、连四纸、马家柚、广丰木雕、婺源歙砚、万年珍珠、怀玉砚壶等,不过还没有一个叫得响的品牌。

　　现在,平台已经搭好,机遇就在眼前。入驻上饶项目室外步行街对这些特色产业来说无疑又是历史给予的另一次机遇。失去武夷山这个机会,我们不能再错过上饶项目这个机会。

　　于是,以上饶项目为推手的上饶特色产业品牌运动就这样开始了。来看看我们的具体动作吧。

　　第一步,从2016年5月底起,我们带领团队陆续拜访了上饶各特色产业的领军人物和企业,前后持续近4个月时间,共20站,这里列举几家:上饶石贡献人物、金石文化开创者、台湾朋友吴金泉先生;国家级"非遗"项目歙砚制作技艺代表性传承人、朱子实业董事长江亮根先生;广丰农业产业化领头人齐力实业董事长张处平先生;怀玉砚壶制作人、中华传统工艺大师陈文武先生;铅山连四纸、河红茶传承人、江西含珠文化董事长鄢中华先生;广丰木雕城;茶亭木雕城;信州春酒业;全良液酒厂;五府唐人茶业公司;铜钹山河红茶和马家柚酒生产企业;等等。

上饶石原产地五府山镇高洲村

拜访上饶石贡献人物吴金泉（中），左为朱剑影先生

上饶石原料

上饶石雕刻的印章

拜访朱子实业董事长江亮根先生（左二）

听江亮根讲解婺源歙砚制作技艺

婺源歙砚

与齐力实业董事长张处平先生（左二）座谈

齐力实业生产的河红茶

齐力实业生产的河红茶

与含珠文化董事长鄢中华先生（右一）座谈

陈文武石刻艺术工作室

与怀玉砚壶制作人陈文武先生座谈

参观全良液酒厂

参观信州春酒厂

参观广丰木雕城

为及时扩大影响力,上饶项目微信和各门户网站进行了同步播报,主题如下:

2016年5月29日:十六道[1]打造上饶特色产业文化旅游一条街第一站:走进婺源熹园歙砚。

2016年5月31日:十六道打造上饶特色产业文化旅游一条街第二站:走进上饶三人行赏石会所。

2016年6月1日:十六道打造上饶特色产业文化旅游一条街第三站:走进广丰木雕城。

…………

2016年7月1日:十六道为什么要拿出一道打造上饶特色产业文化旅游街?

…………

第二步,2016年5月29日,上饶项目发出上饶特色产业品牌合作商召集令,提出要在十六道商业街内打造集上饶特色产业于一体的文化旅游一条街。

---

[1] 十六道为上饶项目室外步行街案名,下文会详细叙述。

当时的项目围挡广告

当时的项目围挡广告

十六道招商大会

十六道招商广告

第三步,2016 年 6 月 21 日,《"夺回"武夷山》视频开拍。

视频拍摄现场

第四步,2016 年 6 月 22 日,"'夺回'武夷山"系列软文开始陆续出街,这里列举几篇:

(1)《武夷山到底属于福建还是江西上饶?》里面写道:为什么现在在大家眼里"武夷山"就成了福建的了?为什么同属一脉,江西武夷山却会如此声名不显?武夷山到底属于福建还是属于江西上饶?……

(2)《古有南北少林,为什么不能有南北武夷山?》里面写道:我们这个"夺回"又不是说一定要证明武夷山只是属于我们江西的,我们只是要把江西武夷山的名头打出去而已。就像少林寺有南北少林寺一样,我们也可以来一个南北武夷山。

（3）《上饶银,我们一定要"夺回"武夷山！》里面写道:那么,我们江西武夷山空靠在宝山之下,却只能是看着眼红,然后道一句技不如人,甘拜下风？当然不是,古人云"朝闻夕死",这话用在这上面不一定准确。但意思就是这么个意思,我们江西武夷山虽然比福建武夷山要晚开发二十多年,但是只要现在能够树立品牌意识,着力打造自己的品牌,同样为时未晚。

（4）《"夺回"武夷山已成为上饶人民的共识》里面写道:事实上,正如视频中所说,在现代化的市场竞争中,品牌是关键。要想"夺回"武夷山,就必须打响自己的品牌。

（5）《"夺回"武夷山的历史印证》里面写道:很多人可能会觉得"夺回武夷山"只是上饶项目喊出的一个口号,毕竟福建武夷山这个概念已经深入人心这么多年了,想要扭转过来绝非易事,更不是一朝一夕就能够成功的。事实上,早在中华人民共和国成立之时,铅山县武夷山镇篁村的程镜寰先生就向政府提出了发展铅山茶产业和武夷山旅游业的建议,并撰写了《恢复家乡茶业的意见书》和《武夷导游》两篇文章。

（6）2016年7月22日,《"夺回"武夷山,喝我河红茶》在腾讯视频首播,两天点击量突破3万。

第五步,2016年6月25日,举办首届上饶城市特色产业品牌传播高峰论坛,上饶知名学者和各特色产业领军人物齐聚论坛,共议复兴品牌大计,十六道宣言正式发布——

十六道
——房地产投资品营销谋略

"夺回"武夷山　喝我河红茶

超越寿山石　琢我上饶石

传承连四纸　打造木雕城

活动现场签到墙

活动现场宣传板

我们来看看学者和领军人物都是怎么说的。

江西省政府特殊津贴专家、上饶市委党校原副校长罗时平教授：

对接上饶特色产业品牌,搭建上饶品牌传播平台。进入 5 月以来,我们马不停蹄走访了 16 站,深入上饶特色产业品牌企业,主动与婺源歙砚、怀玉砚、上饶石、广丰木雕、上饶县木雕、河红茶、连四纸、万年珍珠、信州春、全良液、五府唐人等上饶特色品牌对接。……以品牌传播为主题,还因为它切合了上饶品牌发展的客观实际。品牌是企业和区域竞争力的综合体现,代表着产业结构的升级方向。一个大品牌能造就一个大企业,一个大企业能造就一个大城市,例如青岛的海尔、绵阳的长虹、顺德的科龙、内蒙古的鄂尔多斯。一个城市的繁荣与发展,不是政治家的口号喊出来的,也不是政府的公章盖出来的,而是企业家和企业干出来的,更是企业的品牌所决定的。……美国前总统克林顿曾说:“只要有50 位企业家和他们的品牌,美国的经济就能从废墟中复兴。”目前上饶虽然形成了工业、农业、旅游、文化等一批知名的产业品牌,但品牌发展严重滞后于经济发展,产品质量不高、创新能力不强、企业诚信不足,有产品没产业、有产业没品牌、有品牌没市场等问题比较突出。像我们走南闯北,在火车上听人讲得最多的就是上饶鸡腿,但上饶鸡腿就是典型的“有产品没产业、有产业没品牌、有品牌没市场”的“三无”产品。实施品牌战略、打造品牌上饶,是上饶“十三五”发展的重要任务。

罗时平教授做主旨演讲

火车上兜售的上饶鸡腿

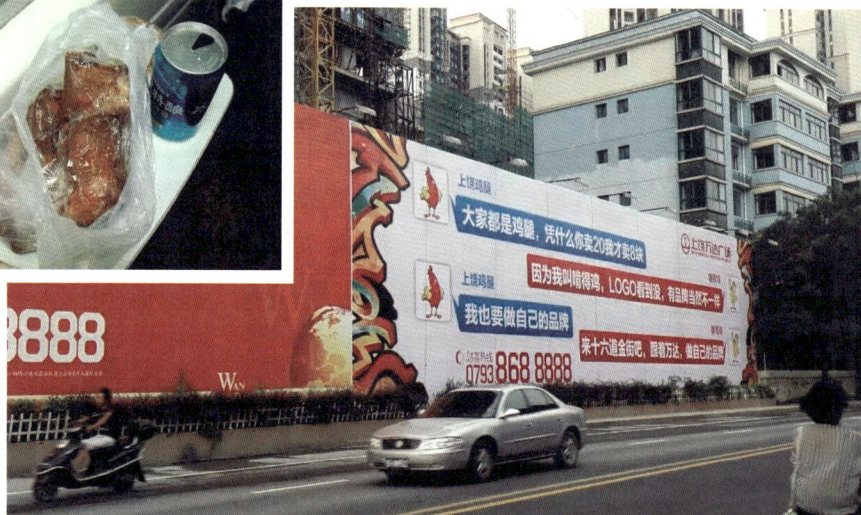

以"上饶鸡腿"为主题的项目围挡广告

上饶石贡献人物、金石文化开创者吴金泉：地方品牌要发展壮大，一个是要突出自身的文化特点，另一个就是要进行广泛的传播。文化是一个产品的内涵，是品牌的根本。传播是品牌塑造的手段，WD集团在全国已有140多座商业广场开业，平均日人流量7～8万人次，是一个非常适合上饶地方品牌发展的传播平台。

广丰农业产业化领头人齐力实业董事长张处平：WD集团这个国际品牌的强大实力，以及WD广场在全国乃至世界范围内的巨大影响力，能够非常有效地帮助我们上饶这些地方产业打破没有自己品牌的尴尬局面，走出以往有产品没市场的发展困境。

国家级非遗项目歙砚制作技艺代表性传承人、朱子实业董事长江亮根：地方品牌的塑造不能局限于单打独斗、闭门造车，更多的还需要像WD这样的国际品牌进来扶持。我认为我们整个上饶在座的，以及我们周边的这些地方特色品牌，应该更多地去深入了解，去认识WD这个大平台，去借这个东风、借这个船出海，最终满载而归！

…………

论坛活动现场

论坛活动现场

论坛活动现场

至此，以"夺回"武夷山为创意，打造上饶特色产业品牌的活动暂告一段落，但它带来的影响远没有结束。我们上山拍摄视频期间，当地镇政府大力支持，为我们提供采访嘉宾和拍摄素材。视频即将播出的时候，铅山县官微提出由他们进行首发。其实，早在三四年前，铅山县政府就开始了武夷山的申遗工作，准备工作一直紧锣密鼓地进行着，故而2017年7月9日江西武夷山成功申遗。我们不敢说这部视频对武夷山的申遗起到了什么作用，但敢肯定的是它至少唤醒了部分上饶人的品牌意识，道出了上饶人创造品牌、打造品牌的急迫心情。同时也使十六道商业街成为市场关注的焦点，为我们的商铺销售带来了契机。

江西武夷山红茶小镇

2017 年 10 月 28 日，江西铅山武夷山镇首届红茶文化旅游节
在江西武夷山仙山岭举行

　　这里，我觉得有必要再补充说明一下江西信江河、铅山河口镇、河红茶和武夷山红茶的关系，再讲一讲什么是"万里茶道"，这样更容易理解铅山政府要为江西武夷山申遗的原因和"夺回"武夷山这个策划活动的意义。

　　研究武夷山红茶的历史，翻不开绕不过的就是铅山的河口镇与河红茶。从福建武夷山下梅村起，沿西北方向穿过铅山河口、九江，至湖北汉口，然后一路北上，纵贯河南、山西、河北、内蒙古，入蒙古国境内，穿越蒙古沙漠戈壁，经乌兰巴托到达蒙俄边境的通商口岸恰克图。再在俄罗斯境内继续延伸，经乌兰乌德、贝加尔湖、伊尔库茨克、新西伯利亚、秋明、莫斯科等地到达圣彼得堡，这条连接中外、跨越欧亚、途经大小两百多座城市总长达 1.3 万公里的茶叶之路,就是闻名于世的"万里茶道"。

万里茶道形成于 18 世纪初,延续时间约 2 个半世纪。提及万里茶道,就不得不提及铅山河口。作为中国古代茶、纸贸易中心,铅山河口通过信江便捷地与世界紧密相连,溯源而上可达浙闽,顺水而下可入鄱湖、长江,成了百货聚集地,由此有了"货聚八闽川广,语杂两浙淮扬"之繁荣,构成九弄十三街之气派。信江河更是白天百舸争流,夜晚灯辉绕岸。

铅山河口镇是万里茶道途经的第一个交通要冲和茶叶生产加工重镇,也因此被国内外誉为"万里茶道第一镇"。《中国近代对外贸易史资料》[①]对此是这样记载的:"(明清)河口是一个繁华的大都市,茶行林立,全国各地茶商云集于此,许多茶商就在河口收购茶叶,不再前进了。……中国各地商人都到河口购茶叶,或者把茶叶运往其他各地。"《两访中国茶乡》[②]的作者罗伯特·福琼(Robert Fortune)写道:"英国商人也自行据此采购河红茶。"当时,俄、英、印度等国的商人不畏关山辽远,千里迢迢奔至河口贩运茶叶。其中的河红茶成了国内最著名的红茶和"第一次问世(出口)之华茶"。

当然,河口镇的繁华除了其便利的交通条件外,还在于精明的河口人充分利用这个优势,做起了茶叶过境及加工贸易生意,由此创立了河红茶品牌并最早进入国际市场。乾隆年间,因俄国市场的旺盛需求,河

[①] 姚贤镐编:《中国近代对外贸易史资料》,中华书局,1962 年版。
[②] [英]罗伯特·福琼著:《两访中国茶乡》,江苏人民出版社,2016 年版。

口镇贸易中心与河红茶制作技术中心的地位更加突出,福建武夷山和江浙的茶商都将毛茶运输到河口加工成红茶。江边的九弄十三街茶铺林立,有 3 万多人从事茶叶加工,就连福建崇安(今福建武夷山市)的制茶师傅也都聘自河口镇,所以现在很多武夷山制茶人的祖籍是铅山河口镇,他们现在讲的话也还是铅山话。时人云:"河口茶市通天下,河红茶师遍中国。"由此看来,武夷山红茶源自河红茶。

河口镇作为中国和世界红茶贸易中心,一直兴盛了近 300 年,成就了一个个商业传奇。到了清朝末年,随着太平天国农民起义的爆发,长江水路受阻,河口镇也逐渐走向衰落。

所以我们说"夺回"武夷山不仅仅是上饶人追赶福建人学习创立品牌的一种强烈意识,更是全体上饶人对复兴河红茶辉煌的一种期待。

万里茶道第一镇牌匾

河口古镇

河口古镇

2015年12月，与时任铅山县县长周金明先生畅聊『万里茶道』

第二节　台州寻"心"

前文提到,浙江台州是一座分散的城市,中心城区由椒江、黄岩、路桥三区组成,三区之间各自相隔十几公里,相对独立,恰似一个等边三角形。

同时,台州又是一座年轻的城市,1994 年 8 月台州撤地设市,行政中心由临海搬至椒江。由于历史的区划调整加上实际的地理间隔,虽然经过了 20 年的发展,但三区之间的融合度还是比较低,三区各自为中心的现象比较明显。黄岩一直以来都是经济实力比较雄厚的工业城市,加上原本椒江与路桥曾隶属黄岩,故黄岩人一直认为黄岩是市中心;路桥商贸发达,本就是商业中心,故也认为自己是市中心;椒江是新兴的港口城市,又是行政中心,肯定认为自己才是市中心。

这个问题不仅困扰着台州人,也困扰着每一个首次来台州的外地人,大家都会问同样一个问题:台州的市中心到底在哪?

我们说,这是台州的城市"痛点"。

其实,对一个三四线城市来说,城市的商业中心在哪里,它的城市中心就在哪里。在台州项目进驻台州之前,台州还没有一个像样的大型购物中心,台州人购物一般都喜欢去杭州或者上海。

我们说"WD 广场就是城市中心",加上又落户行政中心,不正是为了填补这个空白、创造城市中心而来的吗?于是,一系列以台州项目为推手的寻"心"活动就在这样的背景下展开了。

2014 年 2 月 7 日,台州项目"论台州商道铸 WD 商圈——全城大奖征集台州城市商业发展论文"征集活动开启,明确提出此次活动目的就是促进城市商业发展,加快三区融合,实现大台州梦想。

2014年2月27日,台州项目举办2014台州首届城市商业发展高峰论坛暨城市商业发展论文颁奖典礼活动,政府领导、商界领袖、专家学者、获奖作者等齐聚一堂,共谋台州商业及城市中心发展大计。著名经济学家马光远先生在论坛上说,他来台州之前问得最多的问题就是"台州的城市中心在哪里? 在临海、在椒江还是在黄岩?"著名房地产专家顾云昌先生说:"我十多年前就来过台州,台州市是一个组团式的城市,由椒江、黄岩、路桥三个区组成,中间有一座山,是个绿心,但是你要问我台州的中心在哪里? 我说多中心……"

论坛活动现场

论坛活动现场

给论文获奖者颁奖（右一为《台州商人》杂志社总编孟少华先生）

2014 年 3 月 3 日,台州项目发表署名文章《台州怎能无"心"?》,提出一个全台州人都敏感的问题:台州的城市中心究竟在哪儿?文章中写道:"人无根皆因城无心",撤地建市 20 年,一座环绿心组合式城市在台州湾畔崛起。台州逐渐从以分散的小城镇为主体的城镇体系,转向以中心城市为龙头的城市格局。20 年来,中心城市建设的巨大成就令人鼓舞,但存在的困难和问题令人担忧,也引人深思:台州的城市中心究竟在哪?

2014 年 3 月 11 日,台州项目发表署名文章《为什么说 WD 广场就是城市中心?》

2014 年 3 月 13 日,台州项目举行奠基典礼并发表署名文章《今日起中心立》。奠基仪式上,台州市副市长李跃程先生发表讲话说:项目奠基是工程建设的开始,我们可以想象,今天我们脚下的土地,明天将因 WD 广场而成为台州真正的中央商务区……

台州项目奠基仪式

台州项目奠基仪式

　　2014 年 3 月 21 日,我们将 20 篇获奖论文结集成册,起名《论台州商道》。

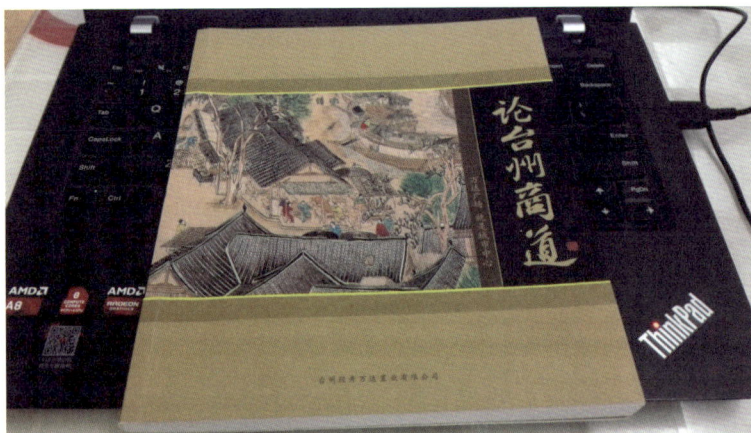

《论台州商道》

这里，我们也顺便提一下此次论文征集活动的情况。此次论文征集我们委托了在台州政商两界颇具影响力的《台州商人》杂志社总编孟少华先生牵头组织。孟先生学识渊博，风趣幽默，才华横溢，台州项目的很多创意活动都是在其支持下推动的。由于时间关系，此次论文征集活动的时间比较短，从2014年2月7日起至2月24日止，前后共18天时间。但令我们没有想到的是，在这18天里，我们共征集到了89篇论文。最后经过活动组织的评审委员会专家的层层把关和斟酌筛选，有33篇论文入围参选，20篇论文获奖。在这些投稿人里不乏政府工作人员的身影，也有企业老总、报社记者、网站主编、大学教授、中小学教师等，还有房产研究、策划人员，甚至还有竞争对手的工作人员。有些投稿人非常热情，甚至亲自跑到我办公室与我畅谈自己对台州商业和城市发展的看法，表达了对台州三区融合的期盼、对台州项目开业的期待以及对此次活动的赞许，甚至有人说我们在帮政府干活呢。从这里我们可以看出，此次活动触发了台州人的"痛点"，引起了他们的广泛关注和议论，激起了民间的热情和智慧，取得了企业和社会的共赢。

我们来看看这些获奖者在文章里是怎么说的。

获奖者冯委令女士在文章中写道：目前在台州主城区的发展中，一个突出的弱点就是"大台州"形象难以凸显。台州主城区在建设初期就是依托三个区级城市，因此长期存在"强区弱市"的现象，除椒江区外，路桥区和黄岩区对市级的依赖性不强，市级对区级的调控能力低。获奖者黄学军先生在文章里写道："大台州"建设的历史，就是三区融合发展的历史。自1994年以来，台州结束了没有中心城市的历史，城区逐步形成。但目前城市结构分散、三区区域规模等级相当，难以形成集聚效应,一体发展的态势还未形成,三区"总体分散,局部集中"导致的分散独立发展的特征和台州的快速发展繁荣急需城市向心力、凝聚力的矛盾,急需发展一个真正意义上的中心,急需一个强有力的板块来与中心城市未来发展的需求相映衬。获奖者陈海虹女士在文章里写道:椒、黄、路三区分散独立一直是台州市的发展之痛,台州快速发展繁荣急需城市向心力、凝聚力,需要界定一个真正意义上的中心。随着市政府搬迁,经济开发区已逐渐成为台州的行政、金融中心。然而虽然呼声最高,但一直缺乏真正成熟的商业中心和氛围。

就这样,台州项目以一个造"心"者的形象出现在台州人面前,可以说是肩负使命,因势而来,应运而生。项目虽未入市,但已入心。

操盘要点:

(1)由于城市综合体的项目体量和业态规格,它具有推动城市或至少是推动区域发展的能量,可以充当为城市或区域代言的角色。尤其是在三四线城市里,大型城市综合体项目更是城市商业发展的动力和引擎。这是一个综合体操盘手最基本的认识,也就是说要具有放眼城市的眼光和格局。

譬如上饶项目,我们当时就打出了两句上饶人现在都耳熟能详、记忆犹新的广告:"除了三清山,我们还有WD广场""除了婆源,我们还有WD广场"。九江项目也曾打出"除了庐山,我们还有WD广场"的广告。

上饶项目商业论坛活动上的广告

（2）作为一个综合体操盘手，不仅要研究城市发展的历史和未来，还要研究城市商业发展的细枝末节，在这些事件中寻找城市"痛点"，结合项目功能，制造"事件"，引发城市共鸣。

（3）营造城市级事件，需要操盘手具有调动资源、组织资源的能力，需要操盘手具有稳步推进，逐步升级，推向高潮的把控能力。

（4）依靠城市级事件不仅可以引发广泛关注，起到"四两拨千斤"的广告作用，还可以树立项目形象，融入城市。

（5）只要有"好的事件"，项目任何阶段都可以运用，当然项目入市或产品滞销阶段运用效果会更好。这里所说的"好的事件"，指的是与项目或产品关联度高的事件。尤其是与城市发展和商业发展有关的命题，都可以作为综合体项目的抓手。

第三章　给商业街取一个有意义的名字

第一节　十六道

2015 年 10 月 10 日,我从集团调上饶项目操盘,彼时项目住宅已基本清盘,商铺销售陷入困境。室外步行街主体已完工,根据计划正在做 100 米长的室外步行街商铺样板段。按照惯例,上饶的室外步行街就叫"上饶金街",街口精神堡垒①上的文字已经安装完成。

对于这个名字我一点感觉也没有,不满意,这和别的项目又有什么区别呢? 在第二天的营销晚例会上,我提出了一个问题:"谁能告诉我这个地方以前叫什么名字? 有什么历史故事?"我们的客服杨主管是本地人,顺口回答了一句:"这个地方以前叫十六道。""什么? 十六道?!"我睁大双眼,满脸惊喜。"十六道,十六,要顺,比十八都好,做生意只有顺才能发啊! 我们的步行街就叫十六道!"我情不自禁地高呼起来。

十六道的故事,是一个关于上饶的故事,这个故事要从中华人民共和国成立前说起……

---

① 精神堡垒:指表达项目形象的独立式标识,用于小区、广场、大型商场等地方,通过高大的立式箱体或立柱支撑使其能够在远距离被目及。一般是用不锈钢或者铁管围成的钢架造型,也有用铝塑板、亚克力等材料制作的。

　　1936年，上饶老火车站建成，从那时起，这里逐渐繁华。中华人民共和国成立后，1953年，老火车站扩建。1996年，老火车站站房拆除。1998年10月，上饶第二代火车站建成。火车站的南面为上饶的母亲河——信江，江边有个车站货场，共有十六条轨道，"十六道"道口就在此地。因为标志明显、上口易记，上饶人干脆就把老火车站地区叫作"十六道"了。直到2007年，火车站商圈一直是上饶最繁华的地方。在上饶人眼里，"十六道"就是火车站商圈的代名词，它是繁华的象征、记忆的根源。2007年底，横卧在上饶城区达70多年的铁路线取直北移，

1936年的上饶老站（图片来自网络）

1953年扩建后的上饶火车站（图片来自网络）

上饶第二代火车站（图片来自网络）

从此上饶老站退出了历史的舞台。虽然火车站搬迁了，但老火车站在上饶中心城区存在了70多年，给上饶人留下了不可磨灭的记忆，"十六道"是上饶人的集体记忆。直到现在，百度地图还把这里标注为"十六道"。

2012年6月，上饶老火车站片区开始整体拆迁。2014年3月21日，WD集团摘牌老火车站地块。2015年10月10日我下项目的时候，75万平方米的项目已基本全线封顶，找不出一点老火车站的印记。

2015年11月10日，上饶信州区区长王其中先生率团考察项目，彼时商铺样板段即将完工，一条绚丽多彩的室外步行街已初具模样，我当即向他汇报了自己的想法。王区长非常激动，拍着我的肩膀说："太好了，这里本来就叫十六道，现在还叫十六道，传承了历史。虽然它是上饶的十六道，但我相信有你们集团操盘，就能把它打造成中国的十六道，世界的十六道！以后来上饶考察的领导我们都带他们来看十六道。"

王其中区长（右二）考察十六道

当时的项目围挡广告

就这样,上饶项目室外步行街正式更名为十六道。

室外步行街取名"十六道",首先获得了项目所在地信州区政府官员的高度认可。原来,在这块土地的拆迁过程中,信州区政府官员付出了大量的心血和汗水,做出了巨大的牺牲,创造了上饶拆迁史上的多个第一,上饶市委市政府也专门为此召开了全市表彰大会。他们对这块土地饱含深情,充满期待。但项目拆迁完毕拍卖后,这里仿佛与他们没有什么关系了,那段历史好像被生生割裂了。如今"十六道"三个字让他们再次眼含热泪,触摸到了那段历史,打开了尘封的记忆。

自此,各级领导纷至沓来。在更名后的一个月时间里共接待了 15 次领导考察,其中有几位领导非常直白地告诉我:我是冲着十六道来的。

十六道金街实景

十六道金街实景

各级领导视察十六道

部队官兵参观十六道

政府设立的交通指示牌

各地商户考察十六道

2015 年 11 月，我们向国家工商总局申请注册金街商标，2017 年 3 月获批。我们还专门出了一本小册子《十六道》，介绍上饶的城市记忆、百年老店和传统小吃等，深受上饶各界人士的喜爱。

十六道 logo

我们印制的《十六道》

成立十六道金街运营服务办公室

定期召开的十六道招商运营服务会议

　　2016 年 1 月 8 日，我们举办了十六道金街品牌发布会，现场盛况空前。自此，十六道名声大噪，项目商铺也再次成为市场关注的焦点。

活动现场

当时的十六道金街广告

第二节 琅琊道

说起琅琊道,大家第一时间想到的可能是热播剧《琅琊榜》。

2017 年 2 月中旬,我调往青岛操盘维湾项目。这是一个填海项目,总建筑面积达 320 万平方米,业态很简单,只有住宅和底商。项目位于青岛黄岛,与青岛本岛隔海相望,是黄岛离青岛市区直线距离最近的项目。但交通闭塞,出行不便,我去的时候只有一路公交通达黄岛中心城区,周边是青岛港前湾集装箱码头和几家石油企业,基本上可以说是一个"封闭"的住宅项目。项目虽然"封闭",但也有自己的优势,首先是项目东南北三面临海,尤其是项目东面,与青岛本岛一海之隔,蓝天白云下,栈桥、回澜阁、小青岛、八大关、太平角和五四广场清晰可见,整个汇泉湾和太平湾景区尽收眼底,令人不禁击掌而赞:"美呀!"另外,项目自身配建一座 7.6 万平方米的小型商业广场(已于 2017 年 9 月 29 日开业)、一家医院和四所学校(两所幼儿园、一所初中、一所小学),基本可以满足生活所需。项目已交付两期,入住大约 600 户。项目于 2013 年开始销售,2016 年全年实现销售额超 25 亿元。但是其中商铺仅销售不到 20 套,总额不到 2500 万元。商铺就是此行我要啃的"骨头"。

从维湾项目看青岛市区

维湾项目

我们说，一个好的项目销售起始于好的销售案名。案名起好了，产品就有了生命力，故事就可以开讲了。其实，房地产项目销售和其他的商品销售差不多，首先需要做好的就是产品品牌的包装和策划。

那么，相较于"十六道"，这块土地又有什么历史和故事呢？没有，这是一个填海的项目。

怎么办？那就无中生有吧！没有历史我们可以借鉴历史，没有故事我们可以制造故事！

来青岛之前，我查看了一下百度地图，发现黄岛南面有一个叫琅琊台的地方，是一个景区。因热播剧《琅琊榜》的原因，出于好奇，我决定去看看。

2月26日上午，我登上琅琊台，当我在呼啸的海风中踏上望越楼的那一刹，思绪一下穿越了三千年……

真是"百年青岛，千年琅琊台"，文化底蕴之深厚加上登临此地的人物历史之辉煌，足以让每一个来访者震撼折服，惊叹不已。

从周代姜子牙封齐在琅琊台设四时主祠（四时主为季节之神）起，越王勾践灭吴后迁都于此并于台顶建望越楼以望会稽（今浙江绍兴），秦始皇三巡琅琊台立石颂秦福并令徐福率领三千童男童女从此东渡日本航海寻仙，汉武帝四游琅琊祭祀季节神……除了这些千古帝王外，李白、白居易、李商隐、苏轼、颜悦道等文人墨客也曾泛舟琅琊，留下许多诗文碑记。

那么"琅琊"又是什么意思？这个名字是怎么来的呢？相传姜子牙封了齐地后，有一次巡游到此，登山四顾，只见三面环海，风景优美，视野辽阔，不禁击节赞叹："琅耶！"意即：美呀！便决定在山顶建四时主祠。从此,这里就被称作"琅耶",几经流转演变,就成了"琅琊"。

说到这里,我不禁内心窃喜,灵感再次出现。既然都是美丽的海岸线,那么维湾项目的海岸线为什么就不能起名"琅琊"呢?

当晚我就布置了一个任务,要求小伙伴们回去后每个人都给我们的四条商业街起个名字,结合历史与典故,说出自己的想法和意见。于是,一场"借鉴"历史、"参照"对标的头脑风暴就这样开始了。来看看小伙伴们的创意吧!

(1)琅琊道(浪漫海岸线东):取名自历史悠久的琅琊台——姜子牙封齐在琅琊台设四时主祠,越王勾践于此会盟诸侯建望越楼,秦始皇三登刻石纪功,汉武帝四次登临,徐福东渡名垂青史。"琅琊"在古汉语中又有大美之意。这正是品天下美味、观山海美景的琅琊道的完美写照。

规划业态:

国际美食——茶艺茗品、日韩料理、亚洲私厨、欧陆大餐

国内美食——青岛特产、麻辣川菜、精致粤菜、西北烧烤

地方美食——齐鲁名菜、海鲜珍馐、岛城小吃

(2)北海道(浪漫海岸线北):取北向临海、浪漫步道之意,与日本北海道有异曲同工之妙,美丽景观、浪漫氛围两者兼备,规划设有轻餐饮和酒吧,是年轻人休闲娱乐的绝佳去处。

规划业态:

酒吧休闲——咖啡店、甜品店、青年旅社、酒吧、轻餐饮区

运动娱乐——健身房、SPA、桌游、青年旅社、老年活动中心

(3)五四金街:位居维湾项目中轴线,也是连接项目所有道路的主

干道,与海湾对岸的五四广场遥相呼应,并与青年创客基地、青年广场上的"飞翔的鸥"一起,体现了青年人朝气蓬勃、奋发向上的青春风貌。

维湾项目海边"飞翔的鸥"

规划业态：

精致生活——便利店、快餐、药房、网咖、五金建材、电信营业厅

品味生活——家居软装、美容美发、汽车美容、干洗店、渔具店

青年创客基地——创意工作室、极限运动、花店、婚庆、婚纱摄影

（4）太学路金街：紧邻开业在即的7.6万平方米的商业广场，以及规划建设中的小学、初中和幼儿园。太学为古代最高学府，太学路金街恰为项目内教育资源集中、商业氛围浓厚的核心地段，描绘出具有学风文蕴的教育大盘画卷，也意喻走出校门，踏上太学路。青岛市区有条大学路，比较有名气，我们也想过叫大学路金街，后来觉得不合适，也就没用。

太学路金街

规划业态：

才艺培训 —— 琴行、画室、课外培训、视力保健、图文打印、数码电子

托管早教 —— 托管中心、儿童早教、游乐园、孕婴用品、书店、文具店

金融餐饮 —— 各大银行、ATM、早餐、快餐、面包房、零食店、超市

维湾项目街道命名和业态定位图

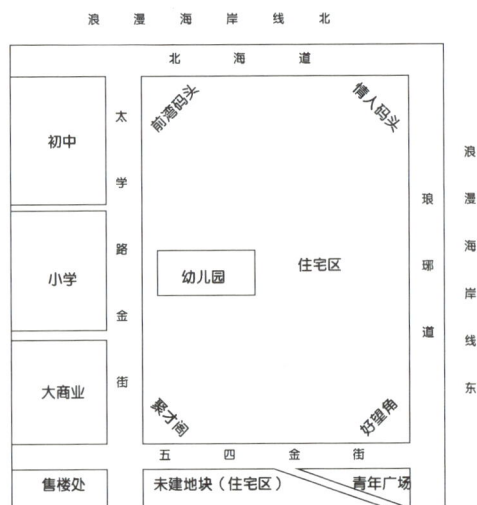

维湾项目街道命名示意图

我从调维湾项目的第一天起,就带领小伙伴们一起啃商铺这块"硬骨头",所有的推广渠道和内容几乎都用在了商铺上。其间,几次住宅推盘都未做大面积推广,只是临开盘前打打销售信息。有小伙伴不理解,说:"下周住宅就要开盘了,300多套呢!为什么还不抓紧推广呢?万一卖不掉咋办?"我说:"我们是一个郊区大盘,买住宅的客户最关心的是什么?当然是配套了!我们把商铺讲透了,也就是把商业配套讲透了,住宅自然就不愁卖了!"果不其然,每次住宅开盘都不愁卖。当然,当时的市场环境好也是一个主要原因。

从2月中旬维湾项目全力推广商铺始,至4月初商铺销售开始"爆发",整个4月共实现商铺认购近50套,金额近1.2亿元。

维湾小伙伴在给客户介绍商铺

当然,并不是一个动作就能撬动商铺销售的。前文说过,任何事物的爆发式增长都需要一个长期的积累过程,并且是多种因素综合作用的结果,销售也是一样。除了给商铺命名外,业态定位、拟定说辞、做好销控和设定逼定步骤都是不可或缺的环节。

这里再举两个商业街命名的案例。

2015 年 6 月,烟台开发区项目借势"中韩产业园"落户烟台开发区的利好,将室外步行街定位为"烟台首条韩国风尚街",并取名"中韩友谊金街",得到了政府、韩国商会、韩国驻华公使的高度认可,成为政府重点扶持的开发区"西部第一金街",同时也让经营者捕捉到产业发展的机遇,在商铺首次开盘前,就获得了 27 家韩国品牌商家的入驻意向。

义乌项目 E 区商铺虽远离大商业,为一"飞地",但因其东侧为义乌政府打造的 30 万平方米的总部经济区,故命名为"总部经济商业街",明确指出了今后商铺经营服务的对象和经营前景,建立了商铺价值依托点,故推出后也取得了不错的销售业绩。

操盘要点:

(1)一个好的案名对项目销售能起到画龙点睛的作用。案名可以从历史中挖掘,也可以从商脉中寻找,最终要能结合文化,讲出故事。

(2)商业街的命名不但要好听好看,还要有好的寓意,能使人产生此地生意兴隆、财源茂盛的联想。

(3)研究城市的历史和文化,任何时候都是操盘的灵感源泉。

(4)三个臭皮匠,赛过诸葛亮。充分发挥小伙伴们的集体智慧,往往能做出完美的营销方案。

第四章　商业街节点命名的重要性

综合体项目一般都有几条商业街和几百间商铺,如果只是给整体商业起一个案名,还不足以挖掘各个商铺的价值和卖点,需要我们更深入一点,更深化一步。

话题还是回到"十六道"。十六道商业街共710间商铺,分南北、东西走向,中间十字交叉,周边4条道路围绕,十六道有4个出入口分别与这4条道路相连。这么多的商铺,这么多的道路交叉、街边拐角和复杂的人流动向,使得每一段、每一区块商铺的价值点都不尽相同,需要我们把每一段、每一区块的商铺价值点说透,才能逐个击破、逐个去化。那么,我们又该如何实现这一点呢?

就如商业街命名一样,我们可以通过商业节点的命名来实现提纲挈领、以点带面,体现每一段、每一区块商铺的价值。

首先,我们来看看十六道各商业节点的命名情况(附各商业节点业态定位)。

(1)东街口:位于十六道东入口,明叔路与龙潭路交会处。古人以东为尊,有紫气东来,东富西贵之说。长安东市、泉州东街、福州东街口……都是一时最为繁荣兴盛的城市商业中心。

业态定位:品牌旗舰、潮流时尚、儿童娱乐与早教、美容养生、休闲

娱乐、教育培训

（2）西市门：位于十六道西入口，广信大道与滨江西路交会处。在古代城市规划中，西为旺商之地，最为著名的就是唐代的长安西市，与长安东市共同构成了当时闻名于世的世界经济贸易中心。"买东西"一词也出于此。另外，十六道隶属于信州区西市街道，故名西市门。

业态定位：品牌旗舰、风情餐饮、特色小吃、商务休闲

（3）南河口：位于十六道南入口，滨江西路万达大商业东侧，与信江仅有一路之隔。上饶铅山河口镇是中国古代茶、纸贸易中心，也是闻名于世的万里茶道第一镇。当时的茶、纸正是通过信江而畅达五湖四海。

业态定位：品牌旗舰、珠宝钟表、古玩收藏、西点甜品、休闲娱乐

（4）北茶道：位于十六道北入口，龙潭路中段，毗邻陆羽公园。茶圣陆羽曾在上饶前前后后隐居了 10 年，《茶经》就是在上饶写成的，上饶铅山河口镇更是万里茶道途经的第一个交通要冲和茶叶生产加工重镇。命名北茶道，意喻十六道为万里茶道新起点。

业态定位：品牌旗舰、各类茶馆、茶文化衍生品店、养生类品牌

（5）十字街：位于十六道东西南北两条街的交会处。凭借着天然的地理优势，十字街历来都是商贸通达、兴盛繁华的中心之地，像重庆十字街、洛阳老城十字街、南昌十字街等等。

业态定位：品牌旗舰、高端精品、私人定制、潮流时尚、休闲娱乐、美容养生、运动休闲

（6）金三角：位于十六道明叔路与滨江西路交会处。三角区域地理位置优越，历来都是引领经济发展的龙头区域，像长三角、珠三角等。

业态定位：品牌旗舰、精品生活、金融商务、数码电子

十六道各商业节点命名和业态定位图

十六道各商业节点命名示意图

接着,我们再来看看维湾项目各商业节点的命名情况。

（1）聚才阁:位于太学路金街和五四金街交会处。一进项目就能看到聚才阁,昭示性独一无二。"才"既意喻太学路金街出人才,也与"财"同音,意喻太学路金街是一条财富商街。

（2）好望角:一听到这个名字最能让人想起的是位于非洲西南端的新航线要塞好望角,意即"美好希望的海角"。维湾的好望角位于五四金街和琅琊道交会处。此地与青岛隔海相望,山水相连,海天一色,风景最美,乃望好之地。

（3）情人码头:位于琅琊道和北海道交会处。因隔海相望的情人坝而得名,意喻浪漫之地。

（4）前湾码头:位于太学路金街和北海道交汇处。因北面为前湾港而得名,"前"又与"钱"同音,"前湾"就是"钱湾",意喻此地为"钱窝子"。

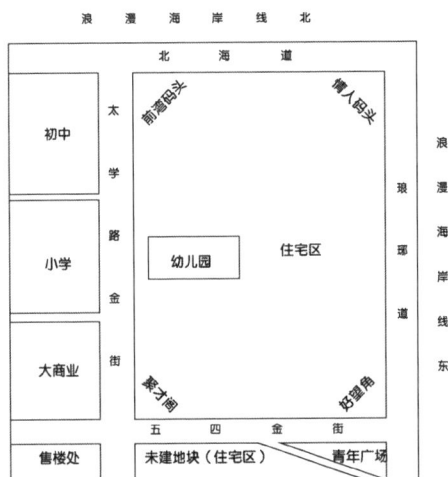

维湾项目各节点命名示意图

操盘要点：

（1）商业街节点的命名加上商业街的命名，就基本上构成了一副完整的商业"骨架"，再加上精准的业态定位，整个商业项目就充满了"血肉"，满盘皆活。三者缺一不可。

（2）商业街节点的命名和商业街的命名一样，也要好听好看，还要有好的寓意。

（3）商业街节点的命名要能起到体现这一段或这一区块整体商铺商业属性的作用，也即一说起这个名字就能大体知道这一段或这一区块的商铺位置特点和适合经营的业态，简单说就是要能起到听音就能辨琴的效果。

第五章　商业街业态定位的方法

写到这里，我也顺便谈一下商铺业态定位的事情。

很多小伙伴都会觉得业态定位难做，无从下手，做出来的东西总觉得"编"的成分太多。其实说难也难，毕竟这是一件专业的事情，已经超越了大家的工作范围。但不做好业态定位又很难将整个商铺"盘活"，所以从销售的角度来说又是一件必须做的事情。说不难也不难，为什么说不难呢？因为经验来自实践，文化来自生活，见多识广，行万里路胜读万卷书大体指的就是这个意思，"照猫画虎"，"依葫芦画瓢"总会做吧？

业态定位的几点经验之谈：

（1）与大商业互补，这个好理解，也即大商业缺什么我们就补什么，大商业高端我们就低端，大商业"小资"我们就"大众"；

（2）拿出一条街做本地特色商业街，利于制造话题，引发关注；

（3）先做重要商业节点位置的业态定位，再以点带面，向旁边延展；

（4）寻找参照物，"照猫画虎"。

这里重点谈一下第（4）点。当时我带着小伙伴们做维湾项目商铺业态定位的时候对大家提出了一个要求，就是要求每个人休息的时候都要出去逛街，而且重点逛学校周边的商业街和海边的商业街，摸清类似于我们商业街特点的已成熟的商业街的业态情况,积累经验,寻找感觉,集体讨论,头脑风暴。后来我们又请了第三方调研公司对全国典型的学校周边尤其是中小学周边的商铺的经营情况进行了调研,基本掌握了学校周边商铺的业态落位和经营情况,再结合团队的实地调研,我们出了一本小册子《生意,就在学校旁边——学校周边商铺经营价值解读》。这本小册子用于小伙伴们的培训和送给对我们商铺感兴趣的客户做参考,这也是后来我们太学路金街商铺卖得最好的原因。

第六章　商铺销售的经验之谈

我们说,综合体最好卖的是商铺,因为项目本身的商业价值高;最难卖的也是商铺,因为现在实体店经营困难,反面案例太多。其实要说难,不是难在市场,难在客户,而是难在我们自己的思维,难在习惯了之前的热销,习惯了之前的坐销。其实,方法总是有的,只是没有一招制胜、一劳永逸的方法,而是循序渐进、扎扎实实的真功夫。在 WD 集团做营销,大家谈得最多的是商铺,分析得最透彻的是商铺,做得最深入的也是商铺。我们有一句戏言:在这里住宅卖得好都不好意思说,会卖商铺那才叫牛呢! 我在 WD 集团负责项目营销工作时,有几次首开商铺失败的案例,也有几次失败后重新撬动商铺销售的经验。每次失败都有不同的原因,但每次成功却都基于基本相同的方法,具体如下。

1. 给商业街起一个有意义的名字

一个有意义的名字不但能使人容易记住,更重要的是这个名字所蕴含的寓意和期望。做生意大家都希望图个吉利,这是人之常情,客户买商铺也同样如此。

2. 做好商业街节点的命名

商业街节点的命名对周边商铺来说可以起到提纲挈领的作用,是商业街命名的重要补充。在综合体项目成百上千套商铺面前,仅仅依靠商业街的名字就带动整个商铺的销售是不现实的。

3. 做好商业街业态定位

只有精准合理的业态定位才能体现各段商铺的经营价值,才能给予投资者想象空间并最终激发投资者的购买欲望。

以上三点为商铺销售的前提条件,为商铺销售的"身躯""骨架"和"血肉",重要性不言而喻,前文已有详述,在此不再赘述。

4. 把握商铺销售的最好时机

譬如开业前就是推售商铺的最佳时机,因为此时全城的目光都集中在项目大商业开业上,项目的商业价值凸显。一般来说,开业前一年就应该发力推售商铺,开业前半年更是应该全力推售。此时项目各系统动作频仍,是项目逐渐步入繁华、精彩纷呈的阶段,市场对项目的信心也逐渐达到高潮,对产品的商业价值充分认可。

5. 一定要做好准备才能推售商铺

如果推盘不成功,很难重新起势。商铺的起势不比住宅,一遇政策好转就能"风吹草长",而是至少需要半年以上的预热时间。如果商铺首开不成功,我们一般会立即转推其他产品,通过其他产品的推广减少商铺销售不利的影响,转移目光,待开业前再重新起势商铺销售。

6. 商铺首次开盘前必须对价格和开盘量有准确判断,制定合理的价格和推盘计划,确保成交率

如果对市场信心不足,我们宁愿少推点货值,也要确保高成交率,因为一旦开完盘,成交率的高低就代表着销售的好坏。成交率低,哪怕绝对值高都会给市场造成"卖得不好"的印象;成交率高,绝对值小也会给人"卖得好"的印象。

7. 开业后,商铺一般难以销售

因为商业培育需要时间,少则两年,多则四五年以上。此时项目本身其他业态仍未交付,项目常住人口少,人气难以保证,而开业后的大商业除周末外一般平时的客流量相对较少,也很难带动室外商业街的人气。所以,要赶在开业前尽可能多地去化商铺。

8. 购买力不足的市场,应延长销售期并走出区域市场,抓住重点客户,通过阶段性促销,逐步去化

譬如上文列举的莆田项目,通过"送戏下乡"走出市区,把目光投向周边的富裕乡镇,扩大了客户基数,再在各类节点譬如重要节假日或项目重要节点开展促销活动,集中邀约客户,就能达到逐步去化的目的。

9. 决战现场是制胜的法宝,尤其是对续销项目

续销项目一般客户来访量较少,但客户来访后如何能使客户产生购买的冲动并下单,考验的是个人和整个团队的作战能力。此时置业顾问的销售说辞和对客户的引导至关重要,如何使客户从不感兴趣到比较看好再到产生购买意向,考验的是置业顾问个人的作战能力,房源销控、折扣释放和现场逼定考验的是置业顾问与主管、与销售经理之间的团队配合能力。平时可以通过模拟演练的形式进行练兵,比如置业顾问之间的对抗说辞演练、客户模拟购房等等。

10. 好市场、好项目只要稳扎稳打、步步为营,基本不会有什么大的问题,但差市场、差项目除做好基本功课外,还必须依靠推广、推盘、价格、技巧

推广这里主要指的是软文推广,要求我们从对大面积的广告和大活动造势的依赖中走出来,通过持续性的、趣味性的或事件性的软文推广达到维持项目热度、促进销售的目的,这部分将在下文详细叙述。推盘主要指的是控制好推盘量和节奏,多推还是少推,连续推盘还是交叉

推盘,考验的是操盘手实时应变的能力。价格这里主要指的是折扣的管理。技巧即是上文说的销售说辞、客户引导、房源销控、折扣释放和现场逼定等。

11. 坚持渠道营销,不求立竿见影,但求长久持续

上文提到的莆田和台州项目的送戏下乡都是坚持了至少半年才见到效果,再比如,平时大家做得最多的是请"小蜜蜂"派单,这些动作不能立竿见影,但只要坚持做,到一定时期就会爆发,这也就要求操盘手打提前量,提前半年甚至一年就开展此类活动。

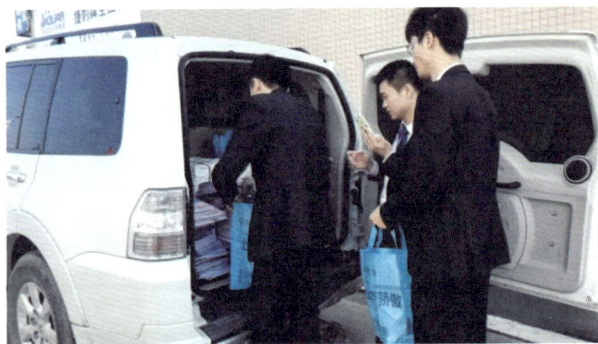

上饶项目小伙伴在派单

莆田项目小伙伴在派单

12. 首推商铺必须是最好或者次好的产品

首推商铺意义重大,影响项目的口碑和声誉,也影响团队的斗志和气势,所以必须确保首开成功。这样也就要求项目必须创造条件拿出位置最好或者次好、客户最认可的产品,再通过销控、价格、折扣、逼定等动作确保首开成功。

13. 置业顾问的销讲过程必不可少,必须全面、精细,坚持一整套流程

可以从城市发展讲到项目发展,从城市商业讲到项目商业,从周边配套讲到项目配套,给客户灌输对城市发展的信心,对项目未来的信心,而不是一上来就跟客户讲产品细节,那样不能体现综合体项目商铺的优势。

14. 引导客户选商铺时重点看位置,再看价格

位置好的商铺不但租金高,升值也快。位置不好的商铺,虽然价格低一点,但租金和升值的潜力都会比较弱。毕竟客户投资是追求资金回报的,这一点对投资客户来说非常易于理解。

15. 必须坐销和行销相结合,不能傻等客户

特别是开业后的续销项目,此时市场关注度下降,客户来访有限,必须走出去请进来。方式方法有很多种,但需要长期坚持。

16. 续销必须靠团队,应加强管理,重用骨干,用骨干销售刺激团队突破销售

购买商铺的客户一般都比较有经验,他们见多识广,经历丰富,一般的置业顾问很难将其说服。此时团队骨干的作用至关重要,经验丰富的团队骨干能在短期内实现个人销售的突破,给整个团队树立榜样和

案例,激发团队的斗志,实现整体销售。

莆田项目商铺销售冠军郑敏贺

17. 让客户对一个商铺的预期和认可改变为对整个综合体项目的预期和认可

只有对项目有信心了,客户才不会犹豫不决,前后左右对比。此点与第13点的意思差不多,要求置业顾问不要一上来就与客户纠缠于产品细节,这样会陷入同质化竞争的泥沼,也许马路对面的商铺比你结构更好、层高更高、价格更便宜。综合体项目的最大优势就是开业后大商业会为销售商铺带来巨大的人流,商铺的培育期会更短,客户的回报期会更长,这是综合体项目商铺的核心竞争力,这也是一般住宅类项目无法比拟的,每个置业顾问都必须深刻地认识到这一点。

18.团队智慧几乎能解决客户所有疑问

一间商铺少则一二百万,多则五六百万,甚至上千万,有可能要花掉客户一生的积蓄,所以客户一般都会相当谨慎和犹豫,会提出各种各样的疑问。只有在解决了客户所有的疑问后,客户才会考虑要不要买。然而客户的问题五花八门,防不胜防,往往不是一个年轻的置业顾问凭个人经验和能力能解决的。这时候就要依靠团队的智慧了,大家一起想办法就能基本解决客户的所有疑问。比如我们在做莆田项目商铺续销的时候,每天晚例会上都会专门针对客户提出的疑问进行讨论,每间商铺、每个客户、每个疑问都有一整套说辞,然后统一口径。譬如针对客户经常会提到的"某某项目的商铺经营得不好",应该怎么解释?我们一般都会在客户提出疑问前弄清楚对我们有不利影响的项目的基本情况,掌握其经营的实际情况,分析出其经营不善的原因。此时我们一般都会追问客户是亲眼所见还是道听途说,如果是亲眼所见那是之前所见还是现在所见。也许客户看到的只是一两年前的情况或者是道听途说或者只是随口一说,只要我们实事求是地告诉客户他看到的只是一两年前的情况,现在该项目已有好转或分析出该项目经营不善的原因而我们项目没有这些因素时就基本能解决客户的疑虑。而这些,不是一个置业顾问能解决的,首先需要的是团队对这些对我们有不利影响的项目有详细的调查研究。再譬如,有的客户会说"我的朋友不建议我买你们的项目",我们又应该怎么回答?经过集体讨论,我们又找到了比较好的办法。我们采取的还是层层递进的方式。首先我们会问客户那个朋友和他是什么关系,如果是一般关系,我们会说从心理学的角度来说作为一般的朋友首先不会帮你好好思考这个项目的价值,另外如果劝你买了万一这个项目不成功你以后还要怪他,所以从"安全"的角度考虑他肯定会劝你别买,那样最保险,他啥事也没有。如果客户不信服,我们还会追问他的朋友有没有类似的投资经验,如果没有那就更没有听的必要了,如果有我们会追问他朋友投资的详细情况然后采取上述类似的说辞进行解释。这些,都是我们依靠团队智慧形成的经验。

19. 全员营销

全员营销在营销部的运用就是让策划人员、客服人员都熟记销讲说辞。

做项目,我们经常会要求做到全员营销,即项目公司每个员工都是置业顾问,其实这很难做到,毕竟每个人都有自己的专业分工。所以说专业的事情还是要交给专业的人来做。但对营销部全员来说,就不但是置业顾问要熟记销讲说辞,策划和客服等工作人员都应该熟记销讲说辞,因为客户来了也许第一个问的不是置业顾问。

20. 商铺销售心态:坚持

没有什么事情能随随便便成功,商铺销售更是如此,特别是续销商铺基本都是靠一个个"啃"的。活动执行的效果、软文推广的作用、客户跟踪的过程以及最后销售的爆发都不是一天两天能完成的。

21. 大商业开业前的活动要一个比一个大,一个比一个更有声势,到开业形成高潮

开业前是商铺销售的黄金时期,此时围绕着大商业开业搞的营销活动要一个比一个大,一个比一个更有声势,就好比擂战鼓,鼓点要越来越密集,鼓声要越来越大。这里说的大和声势不是说花大价钱搞大活动,而是指持续的影响力。一场演唱会动辄几百万,但只是昙花一现,唱

2012 年 10 月 15 日，莆田项目举行"点亮城市之晴莆田今夜无眠"亮灯仪式，
现场约 8000 人

2012 年 10 月 27 日，莆田项目举办大型客户答谢晚会活动，现场约 10000 人

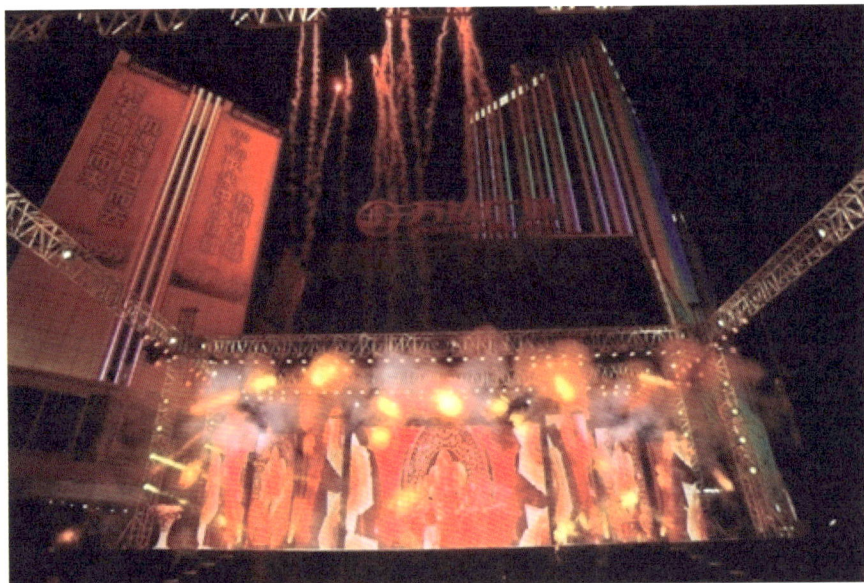

2012 年 11 月 15 日，莆田项目举办"2012 莆田城市商业复兴盛典"活动，

现场约 15000 人

完即止,倒还不如十几场文艺演出更有效果和持续性。

22. 长期的软文推广比活动更重要

软文推广,通俗地讲就是"炒作"。好的软文推广能起到"润物细无声","化刀剑于无形"的作用,可以在长期的推广中悄无声息地对客户"洗脑"。以前项目软文还要通过网站或报纸杂志来发布,现在几乎每个项目都有自己的微信公众号,自己就可以发。正是因为你有我有大家有,如何写有质量的软文吸引客户又成为一个现实问题,在第十章里我们会谈到软文推广的一些要点,感兴趣的朋友可跳跃翻看。

23. 所有的推广软文都要化为置业顾问的销售说辞

很多项目策划与销售很少交流,项目软文推广也是自说自话,发出去了置业顾问根本不知道。这就涉及项目策划力和销售力互相转化的问题,也体现了营销合会的重要性。首先,策划要根据销售的反馈和需要来确定软文的推广方向,明确写作内容;其次,销售要学会运用策划软文丰富销售说辞,解答客户疑问。两者要形成合力,这样才有战斗力。在我操盘项目时,每天的早例会就是听置业顾问背昨天发出的微信内容并演练如何将里面的内容化为自己的销售说辞讲给客户听,两周下来就会有明显效果,小伙伴们说辞的条理性和针对性就会有明显改观,进步非常快。这样,软文会越写越好,说辞也会越来越实用。

与上饶项目小伙伴一起开晨会

24. 置业顾问的信心最重要

卖商铺尤其如此，如果置业顾问自己都对项目的商铺没有信心，那怎么给客户做推荐？我们说，给客户"洗脑"前首先要把自己的脑给"洗"了。信心如何建立？信心建立在对项目未来前景充分看好的基础上，这里就体现了对置业顾问培训的重要性。不懂就怕，说的就是这个道理，因为不懂才会觉得难卖。只有充分扎实的培训才能化解对无知的恐惧。我在操盘上饶项目和维湾项目的时候首先碰到的就是这个问题，置业顾问基本还处于不会卖、不敢卖商铺的阶段。所以我一去项目，首先带领大家花两周时间学习 2015 年我在集团策划写作的《金街商道》，里面详细论述了商铺的经营价值以及在互联网的冲击下体验业态的勃勃生机。经过两周强化培训后，置业顾问就有信心对着客户侃侃而谈了。

与维湾项目小伙伴一起学习《金街商道》

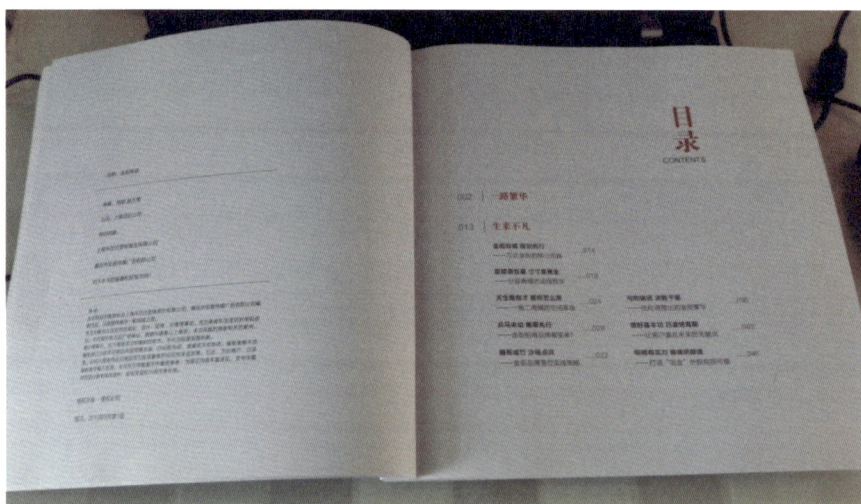

《金街商道》

第七章　改变写字楼的命名方式

写字楼不但是综合体本身的形象，往往还是整个区域或城市的形象，它的命名不但体现了自身定位，也决定了能否在写字楼林立的商务区中脱颖而出。比较常见的命名方式有某某大厦、某某中心、某某企业广场、某某一号、某某双子塔、某某双子星等，一般加上企业名称或者加上地名、江河湖海名等，也有叫 A 座、B 座或者直接叫 1 号楼、2 号楼的。我们来看看上饶项目是怎么做的。

2016 年上饶项目已经进入第三个销售年头，彼时住宅已基本售罄，为了完成年度指标必须尽快撬动商铺、写字楼和公寓的销售。其中写字楼库存量巨大，共两栋，分别叫 2 号楼、3 号楼，总建面 10 万平方米，自 2015 年 6 月首开后基本处于滞销的状态，库存货值近 7 亿元。

为了再次吸引市场对写字楼的关注，我们决定为写字楼再起把势，其中重头戏之一就是定于 4 月 16 日举办的写字楼样板房开放活动。

2015 年上半年我在北京集团总部上班时，曾分管过上饶项目，那时我就注意到上饶项目的旁边有两座古塔，我也曾提过能否和写字楼扯上关系，利用一下。因为我们也是两座楼，正好古今对应。现在，我决定去一看究竟，看能否和它们"扯上"关系。

上饶项目位于信江边，中间隔着滨江西路，沿着滨江西路向西大约

400米左右就是上饶的双塔公园,其中一座叫五桂塔,一座叫奎文塔,两座塔都依江而建。

上饶自古文风鼎盛,千百年来的人文历史,给上饶留下了许许多多寓意深长的历史故事,其中最为人所津津乐道,更有实物为证的,就要数信江边上的这座五桂塔了。相传以前这里是一个渡口,在清朝嘉庆年间,有五位广信府举子进京赶考,在信江岸边巧遇,由于天色已晚,没有搭上船只,便在河岸的山边彻夜畅谈。五名举子意气相投,他们约定京考之后,无论得意与否,都要重返此地再来一聚。后来,天遂人愿,五人皆榜上有名。于是,他们在此建塔一座,并每人手植一棵桂花树,暗喻蟾宫折桂,流芳后世。这座塔和这片栽有五棵桂花树的山就被后人称为"五桂塔"和"五桂山"。

奎文塔,俗称龙潭塔。据《上饶县志》(同治版)记载:该塔始建于明万历年间(1573—1620),塔名见龙。相传明时,信江河经常发大水,老百姓生活困苦不堪,为镇住发大水的蛟龙,百姓们修建了见龙塔。清嘉庆十九年(1814),郡守王赓言率通判汪正修、上饶知县赖勋在仅存的原塔二层之上加建五级,顶层祀奉梓潼帝君神像,易名"奎文塔"。奎,就是魁星,在古代被尊为主宰文运的神。奎文塔顶层祀奉的梓潼帝君,又被称为文昌帝君,是道教尊奉的掌管士人功名禄位之神。和五桂塔并称上饶双塔的奎文塔,可谓寄托着古代上饶人民对于上饶文运昌盛的美好祝愿和期待。

"五桂"和"奎文",五个才子和文曲星,这与写字楼的功能和入驻企业的期盼是多么契合,谁不希望在此写字楼上能有神来之笔、文曲之才助力企业腾飞呢!

于是,我们把写字楼的名字改为信江双塔五桂座和奎文座,而且还打出了一句应景广告诗——"五桂山下才子聚,信江双塔耀古今",又策划了一本叫《信江双塔》的小册子,专门介绍上饶的人文典故。

从信江南岸看五桂座和奎文座

五桂座大堂

《信江双塔》宣传资料

　　现在,这两座写字楼恰似两个翩翩学子站在信江岸边,他们有不凡的身世、挺拔的身段和俊美的外形,正在焦急地等待搭上过往的船只进京"赶考",但是他们肚里的"墨水"又装了多少呢?

　　我们决定给它多灌输点"文化",以吸引文化上饶的青睐。于是,上饶 WD 书院诞生了。

　　上饶素称书院之乡,上饶书院以起步早、数量多、影响大等特点而颇负盛名。据地方志记载,早在唐代上饶就有书院。从宋至清,上饶各地有影响的书院就有 168 所,诸如鹅湖书院、信江书院、怀玉书院、叠山书院、带湖书院等都曾在中国书院史上有过响亮的名声。说到书院,从前的读书人,没有人不知道鹅湖书院。而鹅湖书院声名远播,是因为这里发生过中国学术史上影响极为深远的"鹅湖之会"。南宋淳熙二年（1175）春夏之交,朱熹、吕祖谦、陆九渊、陆九龄等 100 多名学者在鹅湖寺举行了为期 5 天的开中国书院"会讲"之先河的学术辩论会。十三年后,1188 年的秋天,两位英雄人物——"词坛飞将军"辛弃疾与龙川先生陈亮在此相聚。其间,两位词人共商复国大计,畅谈英雄理想,并相互激励写出数首相互酬答的唱和词,史称"第二次鹅湖之会"。因朱、陆、吕、辛、陈在中国历史上的崇高地位而使后来的鹅湖书院名声大振,故世有鹅湖书院乃天下四大书院之一的说法。还有一种说法是天下四大书院为岳麓书院、白鹿洞书院、应天书院和嵩阳书院,但鹅湖书院现存有明朝嘉靖二十七年（1548）国子监五经博士、进士吴世良在鹅湖书院西碑亭立的一石碑,曰:"天下四大书院——嵩阳、岳麓、白鹿洞、鹅湖书院。"此碑我在现场见过。

与同学合影于鹅湖书院正门

"四大书院"石碑

十六道
—— 房地产投资品营销谋略

　　"大江以西，古称文献之邦，书院之建，不知有几。惟鹅湖之名与白鹿并称于天下。"明代大理寺少卿李奎如是说。小小的鹅湖书院，让去过的人折服。2016 年 2 月，我第一次去鹅湖书院时就有了成立 WD 书院的想法，现在又有了载体，于是本来 4 月 16 日举办的写字楼样板房开放活动被我们改成了"书院成立暨信江双塔品牌发布会"。那一天，可以说是上饶文化界的一件盛事，我们请来了当代著名学者和思想家、素有"当代孔孟"之称的北京大学中文系教授、国务院中国国学中心顾问龚鹏程先生主讲了书院第一课并为书院题词，聘请了省政府特殊津贴专家、原上饶市委党校副校长、教授罗时平先生为我们书院的第一任院长（古称"山长"）。罗教授学识渊博，德高望重，在上饶享有很高的声誉，我本人也尊称他为"恩师"，上饶项目的很多创意与活动都是在罗教授的亲身参与与支持下推动的。那一天，上饶本土的知名学者可谓悉数到场。可以说，吸引他们来的不是写字楼样板房，而是书院的成立和双塔品牌的发布。至此，我们的写字楼被赋予了更深的文化内涵，以崭新的形象重新展现在市场与客户面前。

龚鹏程先生为书院上第一堂课

为罗时平教授（右）颁发聘书

龚鹏程先生为书院题字

2016年是上饶项目的开业年,写字楼并不是我们的年度销售重点,此次活动后围绕着它做的动作非常有限,但也就是在这次活动之后,写字楼的销售从之前的平均每月 3、4 套提升到平均每月近 20 套,全年共销售近 180 套、超 1.1 亿元,为年度指标的完成奠定了基础。

至此,上饶项目就形成了三个品牌(WD广场、十六道和信江双塔)、两个地标(五桂座和奎文座)、一个书院(WD 书院)的文化格局,一个代表城市商业繁荣的综合体项目也就有了旅游项目的文化和内涵。

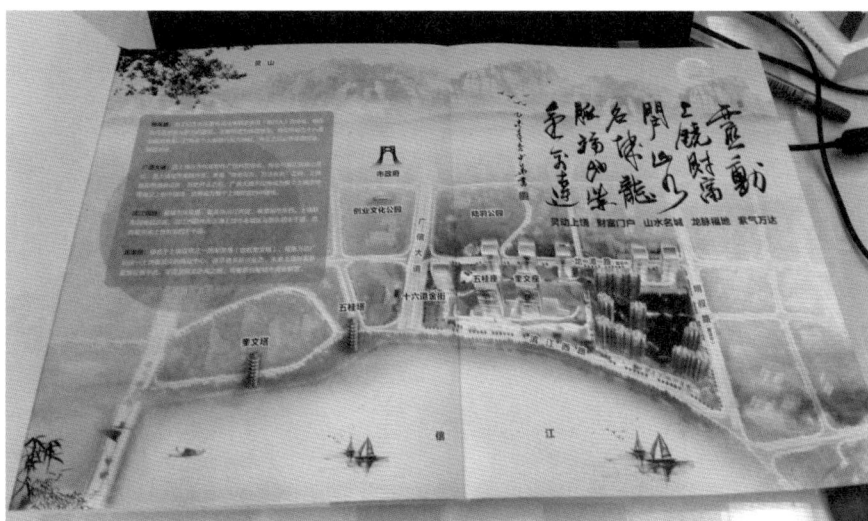

上饶项目文化格局(其中题词为孟少华先生手书)

这里，我们也来关注一下综合体项目产品的推盘策略，综合体项目首开的一般都是商铺，因为工程进度的原因商铺的预售证更易早获取，再加上商铺建筑体量小，销售金额高，占用资金量较少，利于项目的现金流运转。其次陆续推出住宅、公寓类产品。最后才是写字楼。这里还有一个大商业开业前后的问题，因为大商业开业前更易形成全城对商业的关注，所以大商业开业前一年至半年是商铺销售的黄金时期，此时由于客户对大商业开业后公寓出租市场的看好，所以此时也是公寓去化的黄金时期，开业后一般重点推售写字楼。这样也符合城市商业商务发展的逻辑，因为只有城市商业发展到一定程度才会产生商务的需求。

书院的成立和双塔品牌的发布不仅使写字楼重新引起市场的关注，也为今后上饶项目的各类活动提供了平台与载体。上文中提到的"首届上饶城市特色产业品牌传播高峰论坛"就是以书院大讲堂的形式出现的。之后我们又以书院的名义向鹅湖书院赠书一万册，并于2017年3月18日在青岛维湾项目成立了书院少儿班，此为后话。

赠书鹅湖书院

万达书院出品的《鹅湖书院解读》

维湾项目书院少儿班

少儿班内景

操盘要点：

（1）写字楼的命名可以从本土文化中寻找创意灵感，也许会收获意想不到的效果。

（2）国学文化已成为当今的一大潮流。顺应形势，开展各类国学活动易被客户认可，可为项目积聚人气。

每周都开课的书院少儿班

第八章　综合体之上的公寓价值

一般的综合体项目都有 2 ～ 3 栋公寓，多的甚至有 5 ～ 10 栋，数量一般在 1500 套左右，多的甚至在 3000 套以上。

一般的公寓推广，会说明其具有"宜商宜居宜投资"的特点。但综合体之上的公寓发展到今天，已不再是这么简单的"模样"。它的价值随着时代的发展而被赋予了新的意义。

2015 年上半年，当时我在北京集团总部策划以郑州二七项目为蓝本做《金街商道》和视频《一路繁华》的时候，无意中发现二七项目的公寓正在以一种全新的姿态呈现在我们面前，综合体公寓的使用功能被发挥得淋漓尽致，公寓的"经营价值"得到了近乎完美的体现，焕发着勃勃生机。于是，在 2016 年上饶项目主推公寓的时候，我们的策划团队 3 次走进二七公寓，开启了一场发现之旅。

小伙伴们走进二七项目公寓

发现一：由于创业成本低，客流量大，许多青年选择在综合体公寓里创业并取得初步成功，从一间公寓到整层，乃至多层公寓，业态有美发美甲、微整美容、教育培训、早教机构、婚纱摄影、淘宝微商、咖啡酒吧、主题酒店、月子会所等等。

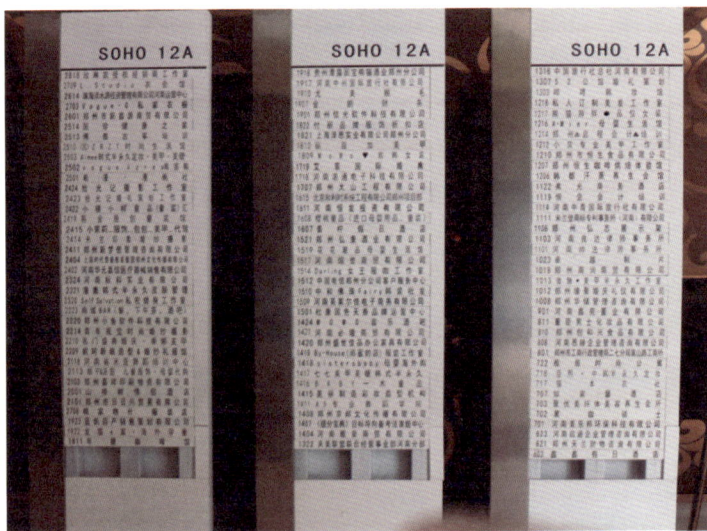

公寓大堂的铭牌

各行各业在综合体公寓里发展壮大，年轻人和创业者印证了公寓的经营价值之一：创业价值。于是，我们推出了公寓的第一个以"创业价值"为主题的广告和系列软文：青创基地　小微样板。

创业价值广告

创业价值软文

上饶青创办公室落户项目

发现二:综合体公寓里的酒店业非常发达。据了解,郑州二七项目的三栋公寓里,大大小小主题酒店共十余家,且酒店入住率非常高。这恰恰印证了综合体公寓的经营价值之二:商旅价值。于是,我们推出了公寓的第二个以"商旅价值"为主题的广告和系列软文:天下"驴友"住 WD 什么都有太繁华。

公寓商旅价值软文

公寓里的商务酒店

发现三:当然还有最基本的,我们之前赖以推广的——租住价值。由于上饶市场上公寓较少,住宅租金较高,且对年轻人来说生活也不是很方便,因此我们针对上饶市场推出了公寓的第三个广告和系列软文:颠覆上饶租赁市场　青年不再住套房。

公寓租住价值软文

发现四:各行各业在综合体公寓里"成行成市","逛楼"已经成为一种普遍现象。以二七项目公寓 12A 号楼为例,14 家美甲微整店、3家美容养生机构、18 家定制服装店、13 家培训机构、10 家淘宝微商实体店、6 家主题酒店、4 家酒吧、8 家婚纱摄影机构、3 家咖啡馆……,这里可以货比三家。公寓里形成了吃喝玩乐购一站式服务,简直就是一个完整的商业生态链。于是,我们得出结论并打出了第四个广告和系列软文:WD公寓不是"公寓"　有一种逛街叫"逛楼"。

当我们深入分析综合体公寓创业价值的时候，我们突然发现综合体之上的公寓解决了创业成功的几大要素：成本（投入低）、渠道（宣传途径多样）和市场（客流稳定）等。由此，我们可以信心满满地说：综合体之上的公寓就是众创空间！于是，我们打出了公寓的第五个广告和系列软文：WD公寓就是众创空间——楼下就是市场，楼下就有客户。

我们还策划了一本《WD公寓价值论》，并拍摄了一个视频《WD公寓就是众创空间》，专门讲述综合体之上的公寓的创业故事。

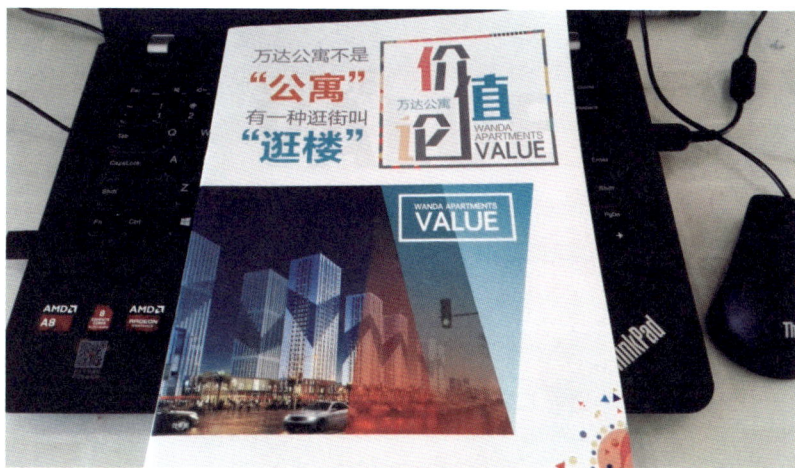

《WD公寓价值论》

可以说,我们找准了综合体之上公寓的卖点,为综合体公寓建立了一整套完整的价值体系。

也就是在这样的"攻势"下,2016 年上饶项目共实现公寓销售超1200 套,金额近 3.8 亿元。

操盘要点:

上面提到了公寓的"经营价值","经营价值"这个概念是我在2015 年集团总部做商铺销售攻关时提出的概念,当时由于受到互联网的冲击,实体店经营惨淡,我们的商铺销售也遇到了极大的阻力,库存量巨大。我们发现这种情形下已不适宜再提商铺的投资价值,而应该说商铺的"经营价值",也即应该告诉客户我们的商铺在互联网的冲击下还能经营什么业态,经营什么业态能赚钱,甚至要告诉客户应该怎么经营,用实际经营案例来引导客户。置业顾问已不能仅仅停留在投资顾问的水平上,而是要成为一个商铺经营专家。因为商铺的投资价值是建立在经营价值之上的,没有经营价值的商铺其实还不如一间仓库。公寓销售也是如此。

第九章　文字游戏

第一节　世界上最大的"W"

感谢互联网,感谢百度地图,让我没事的时候可以神游世界,"假装"旅游。在 2017 年 2 月接到集团的调令后,我第一时间打开百度地图搜索青岛维湾项目在哪里,当地图定位于维湾项目时,我笑了。一个世界上最大的"W"呈现在我面前。一个好玩的、有意思的文字游戏出现在我的脑海里。在维湾项目第二天的营销早例会上,我布置了一个任务:"策划部从今天起要保证每天下班前一篇原创微信软文推出,主题我来拟,怎么写我也会告诉你们。"我微微一笑:"我来之前发现了项目的一个'秘密',等我哪一天想不出来要写什么的时候,我们再来说说这个。"小伙伴们瞪着眼睛看着我,满脸狐疑。

"W"是维湾的"维"的拼音首字母,是"万"字的拼音首字母,也是旺盛的"旺"的拼音首字母。是不是很巧呢? 是不是觉得有点意思呢? 对此,我们可以做点文章。

2017 年 3 月 23 日,维湾项目系列微信稿《维多利亚的秘密》陆续推出,引发网友热议。

3 月 23 日,第一篇《维多利亚的秘密》;

3 月 24 日,第二篇《世界上最大的 "W"》;

3 月 25 日,第三篇《这片海湾本就姓 "W"》;

3 月 26 日,第四篇《这是两个 "V" 的胜利》;

…………

有意思的故事就这样流传开来了。

第二节 中国有几个维湾？

除了"W"以外，一听到维湾项目的案名最能让人想到的就是香港的维多利亚湾。单看这个名字，也许没有什么，无非是建设者希望把这个项目做得像香港维多利亚湾那样美丽而已。可是，如果把它和集团在青岛打造的另一个项目——东影项目联系起来的话，那可就有点意思了。百年来香港引以为傲的是什么？我们说有两样东西：一个是美丽的维多利亚湾，代表着物质；一个是香港的电影，代表着文化。不知是有意还是巧合，如今的青岛也有这样两个项目，而且青岛本身就是海滨城市，一直以来都是中国最负盛名的外景拍摄地之一，也是中国最盛产明星的城市之一。于是，我们就有话要说了……

2017年2月14日，我们发出第一篇微信稿《中国有几个维湾？》；

2月15日，我们发出第二篇微信稿《此维湾非彼维湾》；

2月16日，第三篇微信稿《香港在此被"一分为二"，WD的目的原来如此！》；

2月17日，第四篇微信稿《维湾＋东影＝？》；

2月18日，第五篇微信稿《在青岛，我们再造一个"香港"！》；

…………

通过五篇微信，我们使维湾项目再次进入客户的视线。

第三节 一到这里，"屁股"就红

什么意思？是猴子红屁股吗？不是，说的是汽车的"屁股"。

2015 年 3 月，我在北京集团总部上班，分管烟台芝罘项目的营销工作。

烟台芝罘项目位于烟台中心城区的核心位置、烟台发源地——所城里，已于 2014 年 11 月开业。开业后的芝罘项目人气鼎盛、生意兴隆，真正印证了"WD 广场就是城市中心"这句广告语。

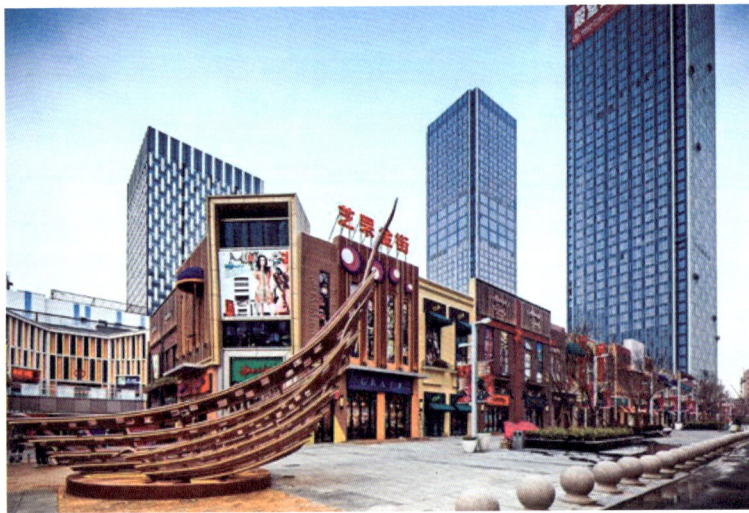

烟台芝罘项目

烟台芝罘项目

3月19日,我去烟台,下午与营销部的小伙伴们一起开会。彼时烟台项目销售困难,商铺、写字楼、精装住宅和公寓等产品大量积压。我很纳闷,这么好的位置,开业后的 WD 广场生意又这么好,怎么就卖不掉呢?一定是哪个环节没想明白。

"策划经理在哪?"我问道。"不好意思,吴总。我们经理说楼下堵车,刚进电梯,马上就到。"有个小伙伴回答我说,"自从项目开业后,这里几乎天天堵车。"我朝窗外一看,果不其然,项目周边几条道路车流如织,行驶缓慢,这还是平时的光景,要是周末岂不更堵?我一拍大腿,这么好的景象,还不知道怎么说,简直就是抱着金饭碗要饭啊!

"来来来,小伙伴们,大家都到窗前来。"我说道,"看看下面是什么?""下面都是车!"小伙伴们回答说。"是不是他们的刹车灯都亮了?""是。""那我们就从堵车开始说起吧!"我说道,"车流就代表着人流,代表着人气,这里天天堵车就说明每天都有很多人逛我们项目,那在我们步行街里开店,岂不是会很好?我们的商铺是不是很有价值?!我们要把这种现象扩散出去,让大家都知道芝罘项目人气很旺,以后这里生意很好做!"

于是,第二天,《芝罘项目开业四月,中心区"堵城模式"愈演愈烈》软文出街,引发热议。第三天,《一到这里,"屁股就红"》软文出街,再次渲染了项目所处地段堵车的现象。第四天一早,就有交警同志在下面维持秩序了,不知是巧合,还是他们早有部署。自此,芝罘项目似乎"脑洞大开",找到了推广的方向和方法,沿着"人气"这个有利于投资品销售的角度推广开来。

2015 年是芝罘项目销售最好的一个年头。

第四节　最有水平的"抗日"广告

　　前文说过,2012年是莆田项目商铺销售的攻坚年,项目也将于同年的12月15日开业,正是商铺销售的黄金时期。为了促进销售,莆田项目不仅开展了送戏下乡活动,还在工程进度、招商进度、市政工程进度和软文推广等方面做足了文章(在本书第一章第一节"莆仙戏"和第一章第二节"台州乱弹"里有详细叙述)。此时,时间已至7月,莆田项目即将召开开业倒计时100天誓师大会。要知道2011年5月27日摘牌当天,我们就对外宣称50万平方米的莆田项目将于2012年12月15日全面建成开业,历时17.5个月,可以说当时整个莆田除了我们自己没有一个人相信,因为这是莆田城市建设史上从未有过的事情。如今,经过14个月的日夜奋战,一座50万平方米的城市综合体已经矗立在世人眼前。所有建筑已全部封顶,外立面也已基本完工,大商业已招商完毕,正进行紧张的内部装修。莆田人真正见识了什么叫高效率,也完全相信了我们当初的承诺。对于莆田项目,莆田人可以说是经历了一个从怀疑到可能再到相信最后期待的过程。所以,当时莆田人对项目的开业可谓信心满满,充满期待。

2012 年 5 月 27 日,50 万平方米的莆田项目全线封顶,距拿地刚刚一周年

　　为了配合这次誓师大会,我们决定从平面推广上再使把劲,让开业的气氛更加浓厚,让犹豫的客户更加紧张。策划的小伙伴们为此绞尽脑汁,可是出来的东西总不尽如人意。

　　彼时正值钓鱼岛事件爆发,很多广告都打出了类似"钓鱼岛是我们的"的口号,"抗日"广告频出,情绪正浓。

　　于是,基于以上两个背景就有了"繁华踏日而来,机遇逐日而去"这句广告语的诞生,并被网友戏称为最有水平的"抗日"广告。

　　此广告在 2016 年上饶项目开业前也曾用过。

上饶项目的楼体广告

第五节 状元、榜眼和探花

莆田项目有三层金楼,与项目大商业的三层相连互通,每层面积大约 2000 平方米,原为大商业配套的酒楼,后集团决定改为销售物业,要求项目公司在一个月内售出,均价大约 2.5 万元每平方米。因地形高差,其中一层临街一面为负一层,二层临街一面为地上一层,三层临街一面为地上二层。二层位置最好,定价也最高。接到这个任务后,我们立即安排置业顾问邀约手上的大客户,其中有三四个客户比较有意向,但因总价太高,非常犹豫,迟迟下不了手。彼时离集团规定的时间仅剩 15 天左右,其中有一个客户已经看好一层,只是家人出差,要等家人回来后才能最终确定,我们劝其先交订金锁定房源享受优先购买权并承诺给其一周的时间,如果家人来了不满意可以退。客户也就没再犹豫,痛快地交了订金。

此时,我们的机会来了。第二天我们在当地炙手可热的莆房网论坛上发表了第一篇帖子《莆田史上最牛置业顾问诞生,一天卖了5000 万》,此帖就像一颗定时炸弹,一天点击量超 2 万,"炸"响了莆田楼市,也"炸"醒了那些犹豫的客户,第二天就有一个客户急匆匆地把第二层给定了。于是当天我们又发表了第二篇帖子《莆田史上最牛置业顾问记录被刷新,一天销售 6000 万》,当天点击量过万。没过几天,第一个客户直接把订金改成了定金,于是我们又发出了第三篇帖子《"状元""榜眼"既出,"探花"何在?》,意喻金街仅剩最后一层,就这样,第三层很快也顺利售出。三篇帖子,一周多的时间,顺利完成集团任务。

莆田史上最牛置业顾问，一天卖了5000万。。。

发表于 2012-4-19 09:58:35　只看该作者　倒序浏览　　🌐QQ空间

5000万RMB,
此君手起刀落,
弹指间搞定战局,
万达金楼一层, 自此有主。

莆田史上最牛置业顾问记录被刷新，一天销售6000万。

发表于 2012-4-20 18:15:39　只看该作者　倒序浏览　　QQ空间　新浪微博

小女子,
巾帼之身,
6000万RMB,
一颦一笑间,
纳入荷包,
万达金楼三花, 仅余一朵。

论坛上的相关帖子

《时讯:"状元""榜眼"既出,"探花"何在?》帖

　　当时,这几篇帖子在福建的影响很大,厦门、福州的朋友还向我打听过此事。

第六节 "大刀哥"的故事

2013 年,正是西双版纳项目销售最困难的时候,彼时他们正在全国寻找代理商。6 月的一天,他们来到莆田项目。"都是兄弟公司,我们愿意帮你们。"我对前来的原西双版纳项目的游总说道,"不过我们也没有什么营销费用,不可能做大面积的推广,但我们可以通过网络,把西双版纳'炒'热。""网络?"游总很是怀疑。"是的,请给我们一个月的时间,看看我们的效果。"

于是,一场精心策划的网络营销在莆房网论坛上展开。

2013 年 7 月 1 日,我们在论坛发出了第一篇帖子《版纳 WD 救我于水火!从曲线救国到曲线救房!》,讲一个莆田"屌丝"买房的"如意算盘":手里有 20 来万,但在莆田买套 100 平的房子连首付都不够,莆田房价当时每平方米约 9000 元,但当时西双版纳的洋房每平方米3000 多元,还带每平方米 1200 元的精装修,总价才二十几万,加上西双版纳项目将于 2015 年开业,估计到时能升值不少,到时卖掉再来莆田买房也不迟。因楼主头像为一身背大刀的大汉,故得名"大刀哥"。帖子发出去的第一天点击量超 2 万。

版纳万达救我于水火！从曲线救国到曲线救房！！

本人属于矮矬穷的范畴（一会附上本人欲照一张，求广大网友鉴定），万达的房子是买不起，当时6千多，买不起！现在好像已经涨到1万多了！更买不起！！就连万科那原本鸟不拉屎的地方都1万多了。实在是望房便心叹！父母也是在本分的农民，也不可能拿出个几十万把首付给我交了。给大家算笔帐吧。本人在莆田打工3年了，1个月5千多一点，作为一般打工的不算高也不低。房租一个月加水电800元。现在夏天了开个空调享受一下。一个月1千快房租。吃饭三餐平均一天40元。一个月1200元。本人偶尔抽个烟，一包20元的算！2天一包。烟钱300一个月！外地打工的朋友，偶尔出去吃个饭也不能一直叫别人请，现在随便去个饭店吃顿饭一两块钱，一个月两三次，算500元交际费！加上平时自己的日用品500块钱(去一趟超市100多，现在都不敢去超市!!)。声明：本人也没找女朋友，这方面不需要花钱！要省去很多钱！（其实是也没人敢跟我）。这么算下来：房租1000+吃饭1200+烟钱300+交际费500+日常开销500=3500元打底的！！一个月5千来块钱也就剩一个1千块钱。

我要求真的不高！有一个80来平方的房子结婚就行！！按照9千一平方算，总价72万！首付准备23万！一年存1万5要存15年左右！去年买了个表！！这不是坑爹吗！！现在家里明确表态了能给我10来万全部积蓄。我自己这几年打工也攒了几万块钱。但是距离目标还是那么遥远！！那天突然看见

7月3日，为了继续强化"大刀哥"效应，我们以一个女孩子的名义发出第二篇帖子《"大刀哥"！带我一起私奔版纳吧！我要嫁给你！》，这个帖子第一天点击量超1万。

"大刀哥"！带我一起私奔版纳吧！我要嫁给你！

"只是在人群中多看了你一眼，再也忘不鸟你容颜"就像这首歌所唱！不曾知道你的姓名！英俊帅气的脸也被马赛克无情的毁容！但是当我第一眼看到这张照片的时候，就被你那千斤宝刀深深的震撼鸟！做为一个天天自撸的，已经剩下皮包骨头的你，却毅然用瘦弱的肩膀扛起了一把千斤大刀，可以想像你是一个何等的坚强而有力的男人！！

小女年芳31！至今未嫁！年轻的时候嫌弃这嫌弃那！一晃这个岁数了，经历了多次感情创伤的我曾发誓再也不相信狗p爱情！我更是感到女人不能靠男人，必须自己闯出一片天地！活出自己的风

论坛上的相关帖子

7月4日至7月13日,策划的小伙伴们持续顶帖,引发热议。

7月14日发出第三篇帖子:通过镜头,现场直播一位客户自西双版纳项目购房全过程。从莆田项目售楼处出发,至厦门机场,飞昆明,飞西双版纳,至酒店,至项目现场……,全程现场直播。

至此,西双版纳项目的热度在莆田达到了高潮。

7月20日,我们在莆田项目售楼处举行了西双版纳项目抢购会,当天销售洋房25套。

至7月底,共销售洋房42套,金额1220万元。

要知道,当时西双版纳项目一年的销售额也才2亿多元。

第十章　做有意义的事件营销

第一节　全国寻找火车头

目光还是回到"十六道"。上文说过,自从上饶项目室外步行街更名为"十六道"后,引发了上饶各界关注,大家都觉得"十六道"又回来了。可是,当人们真正来到"十六道"后,发现"十六道"已被现代化的高楼大厦所代替,没有老火车站的一点影子,根本找不到当初的感觉。"十六道"名字有了,样子还没有,美中不足。那么什么东西最能代表老火车站、代表老十六道呢?当然是蒸汽机车了!于是,一个寻找火车头的计划就这样展开了。

2015年12月14日,我们发出第一篇微信稿《火车一响黄金万两》。

12月16日,我们发出第二篇微信稿《全国寻找火车头》,寻求火车头。

12月17日,我们发出第三篇微信稿《火车头到底在哪里?》,继续寻求火车头。此时全上饶人都知道我们在找火车头,很多朋友打来电话,提供信息。

12月19日,我们发出第四篇系列稿《上饶商业的前世今生:老十六道》,详细介绍了当年老火车站的繁华景象和"十六道"的来历。

…………

经过近 8 个月的寻找、考察、谈判、改装、翻新,2016 年 8 月 13 日,一辆崭新的蒸汽机车终于"开到"了十六道金街。那天,我们举办了一场盛大的祈福活动,预祝上饶项目就像这台火车头一样,响声隆隆,滚滚向前,推动上饶城市商业的发展,一时间引发众多市民围观,成为美谈。当晚,上饶电视台对活动进行了报道,主题为"十六道金街:记忆中的老火车站"。

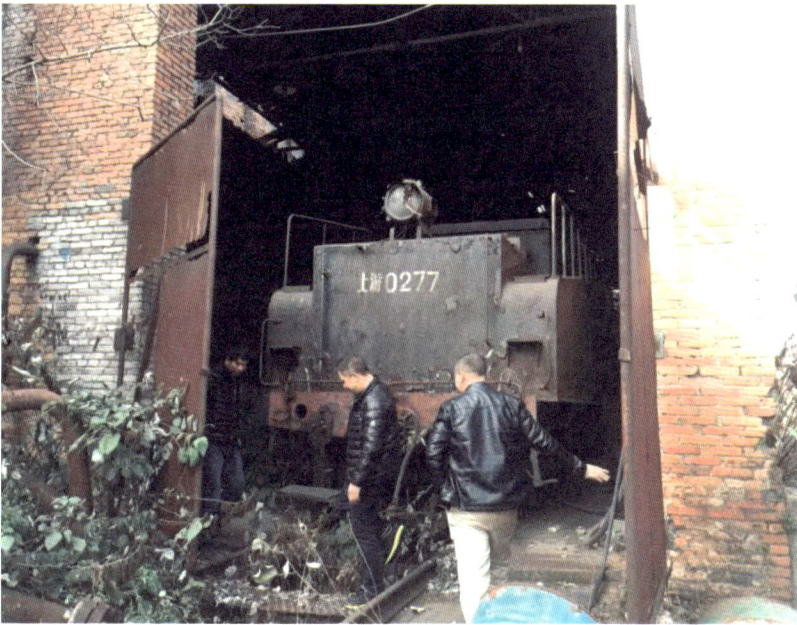

寻找火车头

寻找火车头

现场安装火车头

现场安装火车道

活动现场

活动现场

"铁道游击队"创意造型

因机身上的铭牌标注此机车由铁道部唐山机车车辆工厂于1970年6月生产,据了解,1964年起唐山机车车辆工厂定点生产的车型为"上游型",因此我们将其命名为"上游0016"号。意喻WD广场和十六道金街力争上游,永不落后。

车身铭牌

火车头部

"上游 0016"号火车头

2016 年 8 月 16 日上午,我们在火车头前举办了上饶项目开业倒计时 100 天誓师大会活动,上饶项目的建设进入了最后冲刺阶段,项目、商管、酒管、影城、宝贝王和大玩家等的 300 多名员工对着火车头宣誓,一定确保 2016 年 11 月 25 日精彩开业。

开业倒计时 100 天誓师大会活动现场

誓师大会活动现场

誓师大会活动现场

有了火车头的十六道金街就好像有了"灵魂",火车头本身也成为一道景观,很多人在逛 WD 广场的时候都会到这来合影留念发朋友圈。

火车头到后的第二天下午,我正在围着火车头转悠,欣赏着这个大家伙的时候,一个黑黝黝的壮汉骑着脚踏车过来了。他四十多岁的年纪,穿着黑裤衩、黑背心,一下车就围着火车头转,不停地摸这摸那。我好奇地问他:"这位师傅,您是特意来看火车头的?""是啊!这火车上少了不少零件!"他回答说。"哦?您还挺懂火车的。""当然了,我本来就是火车站的。"他接着说,"你知道吗?这火车头放的位置就是原来的十六道道口!我以前就在这上班。""啊?!"我差点惊掉下巴。

不知是天意还是巧合,总之,这一切已成为美谈。

第二节　全城寻找六少年

寻找火车头的同时,我们还在寻找着六位少年,话题再次回到五桂座和奎文座。当时我们在给这两座写字楼做品牌发布会的时候策划了一本叫《信江双塔》的小册子,内容为上饶的人文典故和老火车站的故事,作者为上饶摄影协会的汪增讨先生。汪老已经八十多岁了,热爱摄影,用手中的相机记录了上饶几十年的风风雨雨和城市变迁。

在我们编辑《信江双塔》的时候,汪老手里的一组照片引起了我们的注意。这组照片共有四张,拍摄于1956年夏季,照片的主角是六个年轻人,四男二女。汪老说这组照片并不是他拍摄的,而是别人送给他的,照片中的人他也不认识。当时上饶项目所在地的西北方大约直线距离一公里的地方有个龙潭湖,就是现在的上饶龙潭湖公园,其中一张照片是六人泛舟于龙潭湖上,一张是合影于五桂塔前,对比位置就是现今WD广场一号门和十六道商业街火车头所在地。1956年到2016年刚好是六十年光阴,现在算起来这六位年轻人至少也有八十岁了,我们非常希望能请他们故地重游,看看现在的上饶项目,再次留影于五桂塔前,见证时代的变迁。

于是,一场寻人运动开始了。

2016年5月21日,我们发出第一篇微信稿《一张老照片,回忆六十年》。

一张老照片

5 月 22 日,我们发出第二篇微信稿《全城寻找六少年,全城寻找老照片》。

5 月 23 日,我们发出第一个微信快闪《寻人启事:他们"失踪"了 60 年,快帮我们找到他们》,里面这样写道:大约是在 1956 年的夏天,六位少年来到如今 WD 广场所在地游玩。只见他们荡起双桨,泛舟龙潭湖上。举起相机,抱着西瓜,留影五桂山前,快乐无比,乐趣无穷,令人羡慕。如今,六十年过去了,这里建起了 WD 广场,这里是十六道,我们想请六位老人家故地重游,见证历史变迁,看看 WD 广场,再次留影五桂山前。

5 月 28 日,我们发出第二个微信快闪《不懂为什么,就是很怀念》。小伙伴们很有爱,在当年他们拍照的位置,摆出他们当年的 pose,抱着大西瓜,合影于五桂塔前。

上饶项目小伙伴模仿老照片摆的 pose

虽然我们最终没有找到这六位老人家,但仍给上饶人民带来了美好的回忆和思念,又成为一桩美谈。

第十一章　软文推广要点

　　大家可以看到以上这些内容我们主要是通过项目微信、网络论坛等方式来进行推广传播的。微信是我做项目这几年利用最多的推广工具，我曾经戏言："就算只给我一个公众号，我也能把项目做好。"现在每个项目都有自己的微信公众号，给我们推广带来了便利的同时，也对我们的推广水平提出了更高的要求。随着竞争的加剧和自媒体的兴起，传统的仅仅依靠大面积广告推销产品的时代已经过去，如何充分利用客户的碎片时间并通过吸引客户持续性的关注达到推销产品、促进销售的目的，成为每个项目组都在思考的问题。

　　综合体项目尤其是进入续销阶段的综合体项目需要转变思路，从对大面积广告和大活动造势的依赖中走出来，通过持续性的、趣味性的或事件性的软文推广达到维持项目热度，促进销售的目的，起到"四两拨千斤"的作用。因为作为一个综合体项目来说，它可以说、能说的东西非常多，不像一般的住宅类项目，产品单一、项目自身配套简单。综合体项目除大商业外，一般都配建住宅、商业街、公寓和写字楼，全业态的综合体更是配建五星级或五星级以上酒店。可以从住宅开发讲到商业开发，可以从物业管理讲到商业管理，可以从招商运营讲到酒店运营，可以从商脉讲到商业，商业讲到商务，商务讲到商旅，讲到商圈。

下面和大家谈一下综合体项目软文推广的几个要点。

1. 从哪里说起？

综合体项目可以从城市或区域商业发展脉络也即商脉说起，可以从城市商业配套和升级的角度说起。需要操盘手研究所在城市或区域商业发展的脉络和现状，找准切入点。

譬如我们上面提到的十六道，就是从老火车站商圈说到 WD 商圈，从万里茶道说到 WD 广场。

上饶项目围挡广告

我在集团总部分管义乌项目时曾提出,我们可以从鸡毛换糖、路边摊、小市场、大商贸的经济发展历程中,得出小商品市场已无法满足富裕后的义乌人的购物消费需求的结论,所以需要 WD 广场。

鸡毛换糖

20世纪80年代初的义务小商品市场

如今的义乌小商品市场

再譬如九江,我们可以从浔阳码头,农贸市场、百货超市,商业街的发展,可以从去庐山旅游的人只把九江当作临时歇脚地而留不住的现象,得出九江需要 WD 广场这样的国际化购物中心的结论。

从这个两个角度入手,顺理成章,自然而然,易于被市场接受和认可。比一上来就是"WD 广场就是城市中心"的广告来得更贴切。

2.从哪里展开?

前面提到综合体项目比住宅项目更复杂,有更多东西可以说。可以从住宅开发讲到商业开发,可以从物业管理讲到商业管理,可以从招商运营讲到酒店运营,可以从商脉讲到商业,商业讲到商务,商务讲到商旅,讲到商圈。具体来说有哪几条主线呢?这和前面提到的操盘思路基本差不多。主要有如下四条主线:①围绕各类项目工程进度节点展开

（譬如大商业、商业街、酒店、写字楼等工程进度节点）；②围绕大商业装修进度、团队组建、招商进度节点展开；③围绕酒店装修进度、团队组建、进场管理节点展开；④围绕市政工程进度节点展开等。

3. 如何展开？

最重要的是要形成系列稿，不要"东一榔头西一棒槌"。通过系列稿可以强化记忆和印象，也可以体现项目的专业度。我们从上面的一些软文标题里可以看出这一点，譬如当初上饶项目在呼吁客户降低租金以吸引更多商户的时候推出的系列稿件，标题如下：①为何要养商之一：虎狼在环伺，保护好羊群！②为何要养商之二：风物长宜放眼量；③为何要养商之三：没有商户经营的商铺还不如仓库！④为何要养商之四：请珍惜这来之不易的局面！又譬如，2017 年 4 月 28 日是东影项目全面开业倒计时一周年的日子，当天我们用三篇文章说明了东影项目全面开业的意义，分别是：①东影项目全面开业的意义：改变城市定位；②东影项目全面开业的意义：影视产业的商业机遇；③东影项目全面开业的意义：有一种生活方式叫"好莱坞"。再譬如维湾项目，当我们获悉青岛市政府将于 2017 年启动胶州湾第二条海底隧道建设的时候，我们推出了三篇系列稿，标题如下：①维湾的"左膀和右臂"；②杨澜有左右沙发，维湾有左右隧道；③双隧道将进一步激发维湾作为黄岛商业桥头堡的作用！

第十二章　相信文字的力量

因为坚持每天至少推出一篇原创软文,所以我在做项目的时候,每半个月就会把这些软文结集成册印制成《项目会刊》。我们也会第一时间把这些会刊放满售楼处的边边角角,供客户随手翻阅。客户坐下来后一般都会拿起来看看,感兴趣的客户也会直接带走。另外,新人上岗前这些资料正是他们最好的培训教材,里面不但有项目进展,还有品牌、项目和产品解读,以及项目的营销经历,阅读这些资料可以使新人在最短的时间内了解品牌、了解项目、了解产品并形成说辞。当然,这些会刊最关键的作用是作为我们派单的主要资料。

我们在大街上行走时经常会碰到有楼盘派发传单,一般派发的都是一张产品单页,非常简单,里面能获取的信息也非常少,往往大家看一眼后都会随手扔进垃圾桶里。

很多售楼处也是如此,资料少得可怜,除新项目偶尔会放几本楼书外,一般也都以户型单页居多。客户走进售楼处,除了听置业顾问讲解或自己观察外,能获取的信息非常少,要想详细了解项目非得靠自己多方打探不可,这无形中也就延长了客户选择的过程。

台州项目的案场资料

印象最深的就是莆田项目的派单案例。莆田市有个涵江区，离中心城区二十几公里，历来小商品贸易发达，是周边区县的小商品批发中心。那儿有个很大的小商品批发市场，除了当时"送戏下乡"扩展乡镇客户外，这里也是我们"主攻"的对象。当然这次不是以演戏的方式，而是以派单的形式。我们每周都派，派发的就是我们的会刊，不是广告单页，大概坚持了 3 个月时间就看到了非常明显的效果。记得小伙伴们第一次去的时候，那儿的商家还不知道我们是干吗的，第二次去的时候他们就说："哦，WD 广场的，又来了。把东西放桌上吧！"我们惊喜地发现，第一次派发的会刊还放在他们的桌上。当我们第三次去的时候，就有商户叫我们的小伙伴们坐下来跟他们聊聊我们还有什么东西在售。后来，这里的客户成交了 30 多间商铺，金额高达 2 亿元。原来，做小商品批发这一行的一般都是集中在上午进货发货，下午一般都不是很忙,这时候如果正好有一本书在身边的话,也许顺手就拿来看看了。也许就在客户这不经意的一瞥或在无意中翻看会刊的时候动了购买的心思。

虽然大家现在都在用手机看信息,但那更多的是"碎片"信息,无法凝结成有用的知识。因为阅读习惯和书香魅力,大家依然对书本情有独钟,更相信里面的内容。所以,虽然现在是新媒体时代,但我们依然要相信文字的力量、书本的力量。

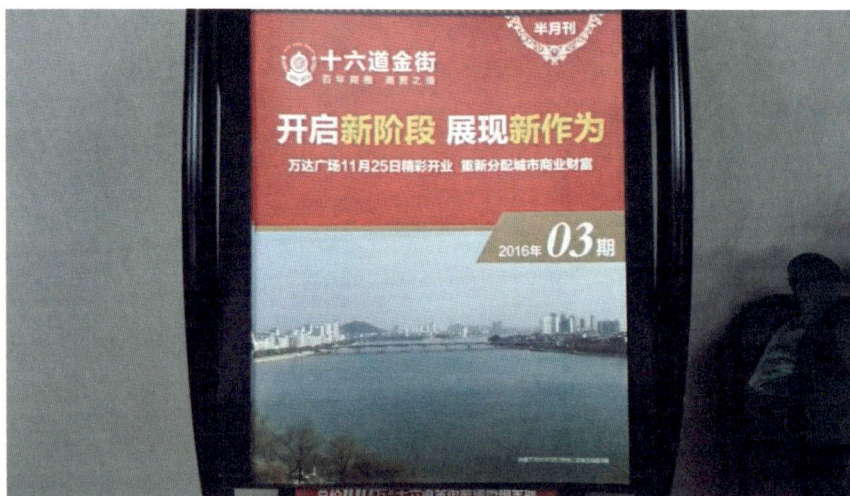

上饶项目会刊

第十三章　创意来自哪里？

　　营销早晚会是获取项目灵感、操盘创意的最重要途径。其中有个最重要的环节就是听小伙伴们分析客户情况，不但要听，还要问，甚至要刨根问底。譬如，当初我们在做东影项目岛上商铺定位的时候，其中有个客户的购买理由给了我们很大启发。他为什么要买岛上的铺子呢？因为他认为岛上今后住的不但都是有钱人，而且还都是有品位的人，这些商铺的主要服务对象决定了今后这里的商铺业态定位为高端。因此我们将岛上的商铺定位为富贵街区，因岛外为影视拍摄基地，故将岛外商铺定位为影视文化产业街区，这样就避免了项目本身产品之间的竞争。再譬如，当我们正在全力"攻克"维湾项目商铺的时候，有个客户的置业动机引起了我们的注意，他已经在维湾买了一套住宅，现在还想买一间铺子，希望自己退休后能过上楼上泡茶、楼下收租的生活，据此我们打出了两版广告：①什么样的投资组合让你称心如意？——一套房+一间铺安居乐业完美人生；②家住维湾，铺在金街；终极置业，完美人生。台州项目之前也有类似的客户情况。

台州项目广告

　　除了跟小伙伴们多交流外，对于任何新兴事物我们都应该抱有学习的态度和精神，不要拒人于千里之外，也不要想当然。当接到集团调令操盘东影项目的时候我第一时间在网上买了三本书：《世界电影史》《香港电影史》和《2016中国电影产业研究报告》。这也是我第一次知道电影也有"轻重"之分。所谓"重工业"电影，简单地说就是大片，因为大片的很多场景一般在现实生活中找不到，所以需要在摄影棚里置景拍摄，然后通过电脑特效制作完成，这需要极高的资本投入，而"轻工业"电影主要是指利用外景地拍摄的小投入电影，而外景地是可以通过电脑合成来完成的。这样一来，我们就找到了东影项目和国内其他影视基地之间的区别。因为东影项目有全球规模最大、配制最全的影视产业园区，拥有45个国际领先的标准摄影棚（其中包括国内唯一的专业水下摄影棚和世界最大的10000平方米摄影棚）、24个专业置景车间、一流的影视外景地和强大的后期特效制作服务团队。目前已有 10 余部中外大片在此拍摄,包括《长城》《环太平洋 2》《流浪地球》《疯狂外星人》等大制作电影,预计建成后每年将有超过 30 部的国际大片和 100 部以上的国内电影在此拍摄。所以,我们将东影项目定位为"中国重工业电影基地"。这样说能很好地与其他影视基地区分开来,也能说明东影项目具有超越其他影视基地的软硬件条件。

因为《战狼 2》的火爆上映,有人说 2017 年是中国重工业电影元年。我们有理由相信今后东影项目建成后,将迎来中国重工业电影爆发的时代。

东影项目摄影棚

摄影棚内景

　　眼观六路、耳听八方说的是一个人有敏锐的听觉和视觉。作为一个操盘手同样也要有敏锐的听觉和视觉,也就是我们常说的观察力,要能第一时间敏锐地捕捉到对项目有利的信息并加以利用。2017年3月30日,在我到东影项目工作的半个月前,《环太平洋2》在东影项目正式杀青,当日,男主角约翰·波耶加在个人推特上晒出了一张在青岛与项目山体四个大字的合影照片。我第一次看到这张照片的时候,一种好莱坞大片的气势扑面而来,让人为之倾倒。我到东影项目工作的第二天就带着小伙伴们登上了这座大山,在波耶加拍照的地方小伙伴们纷纷与大字合影发朋友圈,并由此引发了一轮拍照风潮,于是就有了东影项目IP徽章的打造。后来我们了解到这座大山名为朝阳山,于是又有了朝阳山的广告:东影项目位于朝阳山下,乃朝阳产业。

朝阳山上的四个大字

John Boyega @JohnBoyega 11小时
It's been an amazing six months ! That's a wrap on #PacificRimUprising

· 波耶加与大字合影

小伙伴们与大字的合影

《环太平洋2》引发的合影热潮（网络截屏）

由《环2》男主引发的合影热潮，席卷青岛

内容概要：
1. 昔于家皮特的家中发生了爆炸案，所幸皮特没有受伤。
2. 最近，青岛众多市民模仿明星波耶加，纷纷前来与山体大字合影，发朋友圈。
3. 福尔摩伍在现场发现，爆炸的是一玻璃杯，里面装了一些火药。

众所周知，在东方影都拍摄的大片《环太平洋2》已经杀青。

As we all know, Pacific Rim 2 has finished filming at the QINGDAO MOVIE METROPOLIS.

男主角约翰·波耶加在个人推特上晒出的与"东方影都"山体大字的合影，引发了众多粉丝的点赞和转发。

The leading actor, John Boyega, posted a photo of himself with the four large Chinese characters 'Dong Fang Ying Du' on his twitter, which lots of fans liked and re-posted.

设计内容及要求

1、下图圆圈内为徽章画面内容母本

John Boyega @JohnBoyega 11小时

It's been an amazing six months ! That's a wrap on #PacificRimUprising

山体构图
大致轮廓线

图1

2、细节改进点

1、参照背景山体构图大致轮廓线，将背景山铺满，山以图2山为母本

2、表现出青岛山的特点（山包、部分为裸露山石）

3、图1山上绿化有所层次感表现

4、画面中人物(照片中人物为原型)表现为剪影，无现出五官

5、画面中人物下山的路要比图1视觉效中坡度更大加陡峭(详见坡度示意)（有类似猛虎下山的感觉）

东方影都

图2

当时徽章的修改意见

东方影都

拍摄世界电影
发出东方声音

万达集团

徽章成品

　　另外,当我们深入地去了解东影项目的时候,就发现这是一个模仿美国好莱坞但又计划超越好莱坞的全球顶尖的影视项目,好莱坞的今天就是东影项目的明天。对于这样一个影视文化产业项目,我们就不能简单地把它当作一般的房地产项目来看待,它的所有产品价值应该建立在影视文化产业之上,它能带来的是全球影视的商业机遇,它所打造的是比肩好莱坞的生活方式。于是,我们计划出一本书,一本全面介绍美国好莱坞发展的书,一本能通过好莱坞的发展体现东影项目产品价值的书,书名就叫《影视产业的商业机遇和生活文化》,用于指导东影项目全系产品的销售。

　　东影项目总投资500亿元,占地5600亩,总建筑面积490万平方米,是集团的一号项目。这是一个以影视产业为主题的集影视产业园、影视外景地、室内主题游乐园、大型购物中心、大剧院、秀场、国际医院、国际学校、五星级酒店群、滨海酒吧街、游艇码头、游艇会所、国际会议中心、高端公寓、滨海高层住宅和滨海别墅于一体的国际级影视文化产业复合项目,将于2018年4月28日全面建成开业。由于青岛政府申创"电影之都"的宏伟计划和项目本身的影响力,东影项目要经常接待各地参观团队。那么,什么是东影项目呢? 或者说我们应该怎样简单地用一两句话向别人介绍这个项目呢?

　　对于这样一个复杂的史诗般的恢宏巨制,我们无法用一两句话将其介绍清楚,但是我们可以用概念性的语言、功能性的定位从文化和产业两个角度进行总结提炼。就像介绍一个人物,我们一般都是从他的身高体型和形象气质两方面来说明,譬如武侠小说里人物出场时常说的:其人身高八尺,器宇轩昂。前文说到我们将东影项目定位为"中国重工业电影基地",可以由此展开相关产业介绍,这是它的产业定位,那么它的文化定位又是什么呢?很多小伙伴是看着西方大片长大的,包括我在内,对欧美大片如数家珍。可以说我们这一代是受西方文化影响最大的一代,以至于国人喊出了"振兴中国电影,振兴中国文化"的口号。如今,东影项目即将建成,或许将彻底扭转这一局面。我们说,位于中国东海岸的东影项目将与位于美国西海岸的好莱坞呈分庭抗礼之势,它的建成开业标志着一个新的电影之都的诞生,改变的是世界电影的格局。今后的世界大片将在这里拍摄,发出去的是东方的声音,传播的是中国文化,为此我们将其文化定位为:拍摄世界电影,发出东方声音。

2017 年 5 月 15 日,我有幸接待了泰国外交部新闻司司长普沙迪·善迪披塔女士,我用两句话向其介绍了东影项目,一句是"东影项目是中国重工业电影基地",一句是"今后这里将拍摄世界电影,发出东方声音",当我最后说到这里要传播中国文化的时候,善迪披塔女士竖起了大拇指。

左三为普沙迪·善迪披塔女士

　　所以说开会、学习、观察与思考就是我们获取操盘灵感的源泉。

后 记

　　作为一个职业经理人,我常说的一句话就是:平台比职位重要,荣誉比薪酬重要。离开平台,职位再高,我们也许什么都做不了。没有荣誉,无法体现个人价值,薪酬再高对于一个稍微有点职业追求的人来说也没有多大意义。万达就是这样一个平台,只要你想干、肯干、能干,它就会给你舞台。业内朋友都知道,万达的项目营销有自己的标准动作,必须严格执行,一个不漏,但以上的种种做法可以说基本都是偏离标准动作之外。好在我有开明的领导,总是在背后给我支持与鼓励,任由我自由发挥;好在我有得力的同事和小伙伴们,他们总是用行动的力量让我感动;好在有政府各部门的公务员朋友们和社会各界对万达品牌的认可以及对我个人的无私帮助。这,就是平台的力量。在此,一并表示感谢。

2017 年 9 月 15 日